D1731426

Thomas von Kempen
Nachfolge Christi

Thomas Hemerken von Kempen
(geb. um 1380, gest. 1471)

THOMAS VON KEMPEN

Vier Bücher von der

Nachfolge Christi

in der Übersetzung von Joseph Görres
neu überarbeitet von Josef Lieball

Pattloch Verlag

Die Übersetzung der Nachfolge Christi von Josef Görres wurde vorsichtig an die heutigen Regeln von Grammatik und Orthographie angeglichen. Um Rhythmus und Reiz der Sprachmelodie zu erhalten, ist der ursprüngliche Text erhalten geblieben, soweit der Sinn und das Verständnis dadurch nicht nachteilig berührt werden.

Pattloch Verlag 1988
© Weltbild Verlag GmbH, Augsburg
Satz: Fotosatz Völkl, Germering
Gesamtherstellung: Brepols N.V., Turnhout, Belgien
ISBN: 3-629-00520-9

Inhalt

ZWEITES BUCH
ERMAHNUNGEN ZU EINEM INNEREN
LEBEN

DRITTES BUCH
VOM INNEREN TROST

VIERTES BUCH
VOM HEILIGEN SAKRAMENT

ERSTES BUCH

ERMAHNUNGEN ZU EINEM GEISTLICHEN LEBEN

Das erste Kapitel

Von der Nachfolge Christi und der Verschmähung aller Eitelkeiten der Welt

Wer Mir folget, wandelt nicht in Finsternis, spricht der Herr. Dies sind Worte Christi, wodurch wir ermahnt werden, Sein Leben und Seinen Wandel nachzuahmen, wenn wir wahrhaft erleuchtet und von aller Blindheit des Herzens befreit werden wollen. Unser höchstes Bestreben sei darum: Betrachtung im Leben Jesu Christi.

Die Lehre Christi übertrifft alle Lehren der Heiligen, und wer Seinen Geist hätte, würde eine verborgene göttliche Speise darin finden. Aber es geschieht, daß Viele, obschon sie häufig das Evangelium hören, nur geringe Sehnsucht danach empfinden, weil sie den Geist Christi nicht haben. Wer aber vollkommen und mit Lust Christi Worte verstehen will, dem tut Not, daß er sich befleiße, sein ganzes Leben Ihm gleichförmig zu machen.

Was frommt dir, erhaben über die Dreieinigkeit zu disputieren, wenn dir die Demut mangelt und weshalb du der Dreieinigkeit mißfällst? Fürwahr! hohe Worte machen nicht heilig und gerecht, sondern ein tugendhaftes Leben macht uns Gott lieb. Ich wünsche lieber Reue zu fühlen, als ihr Wesen auslegen zu können. Wüßtest du die ganze Bibel auswendig und aller Philosophen Sprüche: was würde dir das alles frommen ohne die Liebe und die Gnade? Eitelkeit aller Eitelkeit und alles Eitelkeit, außer Gott lieben und Ihm allein dienen. Die höchste Weisheit ist dies: durch Verschmähung der Welt nach dem Reiche der Himmel streben.

Eitelkeit ist es also, vergänglichen Reichtum zu suchen und auf ihn zu hoffen. Eitelkeit auch ist's, sich um Ehren zu bewerben und zu hohem Stande sich zu erheben. Eitelkeit ist's, Begierden des Fleisches zu folgen und das zu begehren, wofür man nachher streng gezüchtigt werden muß. Eitelkeit ist's, auf das gegenwärtige Leben allein gerichtet zu sein, und sich dessen nicht zu versehen, was künftig sein wird. Eitelkeit ist's, das zu lieben, was mit aller Flüchtigkeit vergeht, und nicht dahin zu trachten, wo immerwährende Freude weilt.

Gedenke oft jenes Spruches: daß das Auge nicht satt wird vom Sehen, noch das Ohr voll vom Hören.

Befleiße dich also, dein Herz von der Liebe zum Irdischen abzuziehen und zu dem Unsichtbaren dich hinzuwenden; denn die ihrer Sinnlichkeit folgen, beflekken ihr Gewissen und verlieren Gottes Gnade.

Das zweite Kapitel

Von dem demütigen Gefühl

Jeglicher Mensch begehrt von Natur zu wissen. Aber Wissenschaft ohne Gottesfrucht, was fruchtet sie? Besser ist fürwahr ein demütiger Bauersmann, der Gott dient, als ein hoffärtiger Philosoph, der sich selbst verkennt und den Himmelslauf beobachtet.

Wer sich selbst recht kennt, hält sich selbst für wertlos und ergötzt sich nicht an menschlichem Lobe. Wüßte ich Alles, was in der Welt ist, und stünde nicht in der Liebe, was würde es mir helfen vor Gott, der mich richten wird nach der Tat?

Laß ruhn übergroße Lernbegier; denn darin findet sich große Zerstreuung und Selbsttäuschung. Die Vielwissenden wollen gern gelehrt scheinen und weise genannt werden. Viel gibt's, das zu wissen der Seele wenig oder gar nichts frommt, und sehr unweise ist der, dessen Sinn auf Anderes gerichtet ist als auf das, was seinem Heile dient. Viele Worte sättigen die Seele nicht, aber ein gutes Leben erfrischt das Gemüt und ein lauteres Gewissen verleiht großes Vertrauen zu Gott.

Je größer und besser dein Wissen, um so strenger wirst du darnach gerichtet werden, wenn du nicht auch dann um so heiliger gelebt hast. Darum überhebe dich nicht wegen irgend einer Kunst oder Wissenschaft, sondern fürchte dich viel eher wegen der verliehenen Kenntnis. Scheint dir, daß du Vieles weißt und gut genug verstehst, so wisse doch, daß dessen noch viel mehr ist, was du nicht weißt. Begehre nicht erhabenes Wissen, sondern bekenne lieber deine Unwissenheit. Warum willst du dich Andern voranstellen, da Manche gelehrter befunden werden als du und mehr erfahren im Gesetze? Willst du etwas mit Nutzen wissen und lernen, dann liebe es, daß Niemand von dir weiß und du für nichts geachtet wirst. Dies ist die höchste und heilsamste Wissenschaft: Selbst-Erkenntnis und Selbst-Verleugnung. Von sich selbst nichts halten und von Andern immer eine gute und hohe Meinung hegen, das ist große Weisheit und Vollkommenheit. Sähest du Jemand offen sündigen und schwere Missetaten begehen, so darfst du dich doch nicht für besser schätzen, weil du nicht weißt, wie lange du im Guten bestehen magst. Alle sind wir gebrechlich, aber du halte Niemand für gebrechlicher als dich selbst.

Das dritte Kapitel

Von der Lehre der Wahrheit

Selig, wen die Wahrheit durch sich selber lehret, nicht durch vergängliche Bilder und Worte, sondern wie sie an sich beschaffen ist. Unsere Meinung und unser Sinn betrügt uns oft und sieht gar wenig. Was frommt viel Geschwätz von verborgenen und dunklen Dingen, deren wir im Gerichte nicht werden bezüchtigt werden, weil wir sie nicht wußten? Große Torheit ist's, daß wir Nützliches und Notwendiges versäumend sogar dem Fürwitzigen und Schädlichen nachtrachten. Wir haben Augen und sehen nicht.

Was sorgen wir uns um der Dinge Gattungen und Arten? Zu wem das ewige Wort spricht, der wird von den vielen Meinungen frei. Aus einem Worte sind alle Dinge, von Einem sprechen sie alle, und dieses ist der Anfang, der auch zu uns spricht. Niemand versteht oder urteilt richtig ohne dasselbe. Wem alle Dinge Eines sind, und wer alle auf Eines bezieht und alle in Einem sieht, der vermag standhaften Herzens zu sein und in Gott friedsam zu verbleiben. O Gott! Du Wahrheit, mache mich Eins mit Dir in immerwährender Liebe. Es verdrießt mich oft Vieles zu lesen und zu hören. In Dir ist Alles, was ich will und wonach ich verlange. Schweigen sollen alle Lehrer, verstummen die Kreaturen insgesamt vor Deinem Angesichte, Du allein rede zu mir!

Je mehr ein Mensch mit Dir geeint ist, und je einfältiger er in sich wird, um so Mehreres und Höheres versteht er ohne Mühe, weil er von oben das Licht des Verständnisses empfängt. Ein lauterer, einfältiger und stetiger Geist wird durch viele Werke nicht zerstreut, weil er Alles zu Gottes Ehre wirket und von aller Eigensucht frei zu werden sich bestrebt. Wer hindert dich und belästigt dich mehr, als deines Herzens unabgetötete Neigung? Ein guter und andächtiger Mensch ordnet seine Werke, die er äußerlich verrichten soll erst innerlich, und sie ziehen ihn nicht hin zu Begierden sinnlicher Neigung, sondern er beugt sie selbst nach dem Willen der rechten Vernunft. Wer hat einen stärkern Kampf, als jener, der sich selber zu überwinden ringt? Und das sollte unser Geschäft sein, sich selbst nämlich zu überwinden, und täglich seiner selbst mächtiger zu werden und im Besseren zuzunehmen.

Alle Vollkommenheit in diesem Leben hat manche ihr anhangende Unvollkommenheit. Und all unserem Schauen mangelt es nicht an einiger Finsternis. Demütige Erkenntnis deiner selbst ist ein sicherer Weg zu Gott, als das Forschen nach tiefer Wissenschaft. Nicht zu tadeln ist die Wissenschaft oder jegliche schlichte Kenntnis einer Sache, die an sich betrachtet gut ist und von Gott geordnet; aber vorzuziehen ist stets ein gutes Gewissen und tugendhaftes Leben. Weil sich Manche mehr um das Wissen bemühen als darum, recht zu leben, deswegen irren sie oft und bringen keine oder nur geringe Frucht. O würden sie so viele Sorgfalt darauf verwenden, Laster auszurotten und Tugenden einzupflanzen, als Fragen aufzuwerfen: es würden keine so großen Übel und Ärgernisse im Volke geschehen, noch eine solche Ausgelassenheit in den Klöstern.

Gewiß, wenn der Tag des Gerichts herankommt, werden wir nicht gefragt werden, was wir gelesen, sondern was wir getan haben, und nicht, wie gut wir gesprochen, sondern wie gottesfürchtig wir gelebt haben. Sage mir: wo sind nun alle die Herren und Meister, die du gut gekannt hast, da sie noch lebten und in den Schulen glänzten? Schon besitzen Andere ihre Pfründen, und ich weiß nicht, ob diese an jene zurückdenken. In ihrem Leben schienen sie etwas zu sein, nun aber wird von ihnen geschwiegen.

O wie bald vergeht die Herrlichkeit der Welt! Wäre doch ihr Leben mit ihrer Wissenschaft in Eintracht gewesen, dann hätten sie wohl gelehret und studiert. Wie viele gehen durch eitle Wissenschaft unter in dieser Welt, weil sie wenig Sorge haben um den Dienst Gottes! Und weil sie lieber groß als demütig sein wollen, darum sind sie dahingeschwunden in ihren eitlen Gedanken. Wahrhaft groß ist, wer vor sich klein ist und alle Hoheit der Ehre für nichts schätzet; wahrhaft klug ist, wer alles Irdische für Staub achtet, auf daß er Christum gewinne; und wahrhaft gelehrt ist, wer Gottes Willen vollbringt und *seinen* Willen verläßt.

Das vierte Kapitel

Von Vorsichtigkeit im Handeln

Nicht jedem Worte und Aufreize ist zu glauben, sondern behutsam und langmütig ist eine Sache mit Gott zu erwägen. Ach leider! wird das Schlimme oft leichter als das Gute von dem Anderen geglaubt und erzählt; so schwach sind wir. Vollkommene Menschen aber glauben nicht leicht jede Erzählung, denn sie kennen die menschliche Gebrechlichkeit, die zum Bösen geneigt ist, und in den Worten gar leicht zu Falle kommt.

Große Weisheit ist's, nicht vorschnell zu sein in dem, was du vorhast, noch hartnäckig auf dem eignen Sinne zu bestehen. Zu dieser Weisheit gehört auch, nicht allen Worten der Menschen zu glauben, noch das Gehörte oder Geglaubte alsobald in Anderer Ohren zu ergießen. Mit einem weisen und gewissenhaftem Manne pflege Rates, und suche lieber von Besseren unterwiesen zu werden als deinen Erfindungen zu folgen.

Ein gutes Leben macht den Menschen weise nach dem Herzen Gottes und erfahren in Vielem. Je demütiger Einer in sich ist und Gott unterwürfiger, um so weiser und zufriedener wird er in Allem.

Das fünfte Kapitel

Vom Lesen heiliger Schriften

Wahrheit ist in heiligen Schriften zu suchen, nicht Beredtsamkeit. Alle heilige Schrift soll mit dem Geiste gelesen werden, durch den sie geworden ist. Suchen sollen wir mehr den Nutzen in den Schriften, als Feinheit der Rede. Eben so gern sollen wir andächtige und einfache Bücher lesen, als erhabene und tiefsinnige. Nicht das Ansehen dessen, der es geschrieben, er sei von geringer oder großer Gelehrsamkeit, soll dich stören, sondern die Liebe zur lauteren Wahrheit ziehe dich zum Lesen hin. Frage nicht, wer dies gesagt hat, sondern was gesagt wird, darauf merke.

Die Menschen vergehen, aber die Wahrheit des Herrn währt in Ewigkeit. Ohne Ansehen der Person redet Gott in mancherlei Weisen zu uns.

Unser Fürwitz hindert uns oft beim Lesen heiliger Schriften, wenn wir etwas verstehen und durchgründen wollen, wo wir einfältiglich sollten darüber hinweggehen.

Willst du Gewinn schöpfen, so lies demütig, einfältig und gläubig, und begehre niemals den Ruf der Wissenschaft zu haben. Frage gern und höre schweigend die Worte der Heiligen, und laß dir die Gleichnisse der Alten nicht mißfallen, denn ohne Ursache werden sie nicht vorgebracht.

Das sechste Kapitel

Von ungeordneten Begierden

Wann immer der Mensch etwas unordentlich begehrt, zur Stunde wird er in sich unruhig. Der Hoffärtige und Geizige ruht niemals. Der Arme und Demütige im Geiste wandelt in der Fülle des Friedens. Ein Mensch, der noch nicht in sich vollkommen abgestorben ist, wird bald versucht und überwunden in kleinen und geringen Dingen.

Wer im Geiste schwach und gewissermaßen noch fleischlich zum Sinnlichen geneigt ist, kann sich schwer von irdischem Verlangen gänzlich lösen. Und darum wird er oft traurig, wenn er sich davon löst. Leicht auch wird er unwillig, wenn ihm Einer widersteht.

Hat er aber erreicht, was er begehrt: alsbald wird er durch die Schuld des Gewissens beschwert, weil er seiner Leidenschaft gefolgt ist, die ihm nicht zum Frieden verhilft, den er suchte.

Durch Widerstand gegen die Leidenschaften also wird wahrer Friede des Herzens gefunden, und nicht indem wir ihnen frönen. Es ist darum kein Friede im Herzen des fleischlichen Menschen, noch in einem Menschen, der dem Äußeren hingegeben ist, sondern in dem inbrünstigen, geistlichen Menschen.

Das siebente Kapitel

Wie man eitle Hoffnung und Aufgeblasenheit fliehen soll

Eitel ist, wer seine Hoffnung auf Menschen setzt und auf Geschöpfe. Schäme dich nicht um der Liebe Jesu Christi willen Andern zu dienen und arm in dieser Welt zu scheinen. Bestehe nicht auf dir selbst, sondern setze deine Hoffnung auf Gott. Tue das Deine und Gott wird deinem guten Willen zur Seite sein. Vertraue nicht auf deine Wissenschaft, oder auf die Schlauheit irgend eines Lebenden, sondern vielmehr auf Gottes Gnade, der den Demütigen beisteht und die Selbstvermessenen demütigt. Rühme dich nicht des Reichtums, wenn du dessen besitzest, noch der Freunde, weil sie mächtig sind, sondern Gottes, der Alles verleiht und vor Allem sich selbst dir zu geben verlangt. Überhebe dich nicht wegen der Größe oder Schönheit des Leibes, die durch eine kleine Krankheit zerstört oder verunstaltet wird. Gefalle dir nicht selbst deiner Geschicklichkeit oder Einsicht wegen, damit du Gott nicht mißfallest, dessen Alles ist, was wir Gutes von Natur haben.

Schätze dich nicht besser denn Andere, damit du nicht vielleicht von Gott für schlechter gehalten werdest, der weiß, was im Menschen ist. Sei nicht hoffärtig auf gute Werke, denn anders sind die Gerichte Gottes als die der Menschen; Ihm mißfällt oft, was den Menschen gefällt. Hast du etwas Gutes, glaube Besseres von Andern, damit du die Demut bewahrest. Es schadet nicht, wenn du dich Allen nachsetzest; es schadet aber gar sehr, wenn du dich auch nur Einem vorsetzest. Beständiger Friede ist mit dem Demütigen; in dem Herzen des Stolzen aber ist häufig Ärger und Erbitterung.

Das achte Kapitel

Von der Vermeidung übergroßer Vertraulichkeit

Nicht jedem Menschen eröffne dein Herz, sondern mit einem Weisen und Gottesfürchtigen berate deine Sache. Bei jungen Leuten und Fremden sei selten; den Reichen suche nicht zu schmeicheln und vor den Großen erscheine nicht gern. Den Demütigen und Einfältigen, den Andächtigen und Wohlgesitteten geselle dich bei und übe mit ihnen Erbauliches. Sei nicht vertraut mit einem Weibe, sondern alle guten Frauen insgemein befiehl Gott an. Mit Gott allein und seinen Engeln wünsche vertraut zu sein, und der Menschen Bekanntschaft vermeide.

Liebe soll man zu Allen haben, Vertraulichkeit aber frommt nicht. Manchmal geschieht's, daß ein unbekannter Mensch durch guten Ruf leuchtet, dessen Anblick die Augen der Anwesenden verfinstert. Wir wähnen Andern durch unsere Verbindung mit ihnen

zu gefallen, und fangen ihnen vielmehr zu mißfallen
an, wenn sie die Bosheit unseres Wandels wahrneh-
men.

Das neunte Kapitel

Von Gehorsam und Unterwürfigkeit

Gar ein Großes ist's im Gehorsam zu stehen, unter
einem Oberen zu leben und nicht sein eigener Herr
zu sein. Viel sicherer ist's, in Unterwürfigkeit zu stehen als in dem Amte eines Oberen. Viele fügen sich
unter den Gehorsam mehr aus Zwang als aus Liebe,
und haben Pein und murren leicht, und gewinnen
keine Freiheit des Gemütes, wenn sie sich nicht aus
ganzem Herzen um Gottes willen unterwerfen. Lauf
hierhin und dorthin, du wirst keine Ruhe finden
außer in demütiger Unterwerfung unter des Vorgesetzten Leitung. Die Einbildung, ein Ortswechsel
und eine Veränderung der Umstände sei erträglicher,
hat viele betrogen.

Wahr ist's, daß ein Jeder gern handelt nach seinem
Sinne, und mehr zu denen sich hinneigt, die mit ihm
eines Sinnes sind. Aber ist Gott unter uns, dann gebührt sich's, daß wir zuweilen um des guten Friedens
willen den eigenen Sinn lassen. Wer ist so weise, daß
er Alles vollkommen wissen könnte? Darum vertraue
nicht zu sehr auf deinen Sinn, sondern höre auch den

Sinn Anderer. Ist dein Sinn gut und du lässest ihn um Gottes willen fahren und folgst einem Anderen, so wirst du desto vollkommener.

Denn ich habe oft gehört, sicherer sei es, Rat zu hören und zu nehmen, als zu geben. Es mag auch geschehen, daß eines Jeden Meinung gut ist; Anderen aber nicht beipflichten wollen, wenn es die Vernunft und Sache fordert, ist ein Zeichen von Stolz und Hartnäckigkeit.

Das zehnte Kapitel

Von Vermeidung überflüssiger Worte

Hüte dich vor dem Getümmel der Menschen, so viel du kannst. Denn die Betreibung weltlicher Geschäfte hindert gar sehr, werden sie auch in schlichter Absicht vorgenommen. Schnell werden wir ja befleckt und von ihnen gefangen. Ich wollte, daß ich zum öfteren geschwiegen hätte und unter den Menschen nicht gewesen wäre. Aber warum reden wir so gern und schwatzen miteinander, da wir doch ohne Verletzung des Gewissens selten zum Schweigen zurückkehren? Darum reden wir so gern, weil wir durch viele Reden wechselsweise uns zu trösten suchen und das Herz zu erleichtern wünschen, das durch mancherlei Gedanken ermüdet ist, und es verlangt uns gar sehr, über das zu reden und zu denken, was wir sehr lieben und begehren, oder was unserm Sinne zuwider ist.

Aber leider! oft ist es vergeblich und nutzlos. Denn diese äußerliche Tröstung ist der innerlichen und göttlichen Tröstung kein geringer Schaden. Darum sollen wir wachen und beten, damit die Zeit nicht müßig vergehe. Wenn es ziemlich und förderlich ist zu reden, dann rede Erbauliches. Böse Gewohnheit und Verabsäumung unserer Besserung trägt viel zur Unbehutsamkeit unseres Mundes bei. Es hilft jedoch nicht wenig zu geistlicher Vervollkommnung ein andächtig Gespräch von geistlichen Dingen, zumeist dort, wo solche, die im Gemüte und Geiste gleich sind, sich in Gott zu einander gesellen.

Das elfte Kapitel

Wie man Frieden gewinnen soll, und von dem Eifer im Fortschritt

Vielen Frieden könnten wir haben, wollten wir uns nicht mit den Worten und Werken Anderer, die unsere Sorge nichts angehen, befassen. Wie kann der lange im Frieden bleiben, der sich in fremde Sorgen mischt, der Gelegenheiten von außen sucht, der sich wenig oder selten innerlich sammelt? Selig die Einfältigen, denn sie werden vielen Frieden haben.

Warum waren einige Heilige so vollkommen und

beschaulich? Weil sie beflissen waren, gänzlich allen irdischen Begierden abzusterben, und deswegen von ganzem Grunde des Herzens Gott anhangen und frei für Ihn da sein konnten. Wir aber werden allzu sehr von den eigenen Leidenschaften eingenommen und um Vergängliches in Sorgen gesetzt. Denn selten überwinden wir ein einzig Laster vollkommen und streben auch nicht nach täglichem Fortschritt; darum verbleiben wir kalt und lau.

Wären wir uns selbst vollkommen abgestorben und äußerlich nicht so verstrickt, dann könnten wir auch das Himmlische verstehen und von himmlischer Beschaulichkeit Einiges erfahren.

Das ganze und das größte Hindernis ist, daß wir nicht von Leidenschaften und Begierlichkeiten frei sind, noch uns bemühen, den vollkommenen Weg der Heiligen anzutreten. Begegnet uns nur eine geringe Widerwärtigkeit, dann werden wir allzu bald niedergeschlagen und wenden uns menschlichen Tröstungen zu.

Strengten wir uns an, wie tapfere Männer Stand zu halten in der Schlacht, fürwahr die Hilfe des Herrn vom Himmel würden wir über uns sehen. Denn er selbst, der uns die Gelegenheit zum Streite bietet, damit wir siegen, ist auch bereit, den Streitenden und auf seine Hilfe Hoffenden beizustehen. Wenn wir nur in jene äußeren Übungen den Fortschritt im Religiösen setzen, so wird unsere Andacht bald ein Ende haben. Aber an die Wurzel laßt uns die Axt setzen, damit wir von Leidenschaften gereinigt ein friedsam Gemüt besitzen mögen.

Wenn wir jedes Jahr ein Laster ausrotten, bald würden wir vollkommene Menschen werden. Aber im Gegenteil, wir nehmen oft durch unser Gefühl wahr, wie wir besser und reiner im Beginne unserer Bekehrung gewesen, als viele Jahre nach der Gelübdeablegung. Unser Eifer, unsere Besserung sollte täglich wachsen, aber jetzt scheint es schon etwas Großes, wenn einer einen Teil des ersten Eifers bewahren kann. Täten wir uns ein wenig Gewalt beim Beginne an, dann könnten wir Alles mit Leichtigkeit und Lust tun.

Schwer ist es Gewohntes zu lassen, und noch schwerer ist's, wider den eignen Willen anzugehen. Überwindest du aber Kleines und Leichtes nicht, wann wirst du Schwereres meistern? Widerstehe im Anfange deiner Neigung und verlerne die böse Gewohnheit, damit sie dich nicht vielleicht allgemach in größere Beschwernis führe. O wenn du darauf achtetest, welchen Frieden du dir und welche Freude du Anderen durch dein Wohlverhalten bereitetest, ich meine, du würdest besorgter um deinen geistlichen Fortschritt sein.

Das zwölfte Kapitel

Vom Nutzen der Widerwärtigkeit

Gut ist es für uns, daß wir zuweilen einige Beschwerden und Widerwärtigkeiten haben, weil sie den Menschen oft in sein Herz zurückrufen, auf daß er erkenne, er sei in der Verbannung, daß er seine Hoffnung auf kein Ding in der Welt setze.

Gut ist es, daß wir manchmal Widerspruch erleiden, und daß man schlimm und unvollkommen von uns denkt, auch wenn wir Gutes tun und vorhaben. Dies hilft oft zur Demut und bewahrt uns vor eitler Ehre. Denn dann suchen wir um so besser den inneren Zeugen, Gott, wenn wir äußerlich gering geachtet werden von den Menschen und sie nicht Gutes von uns glauben.

Darum sollte sich der Mensch gänzlich in Gott begründen und es wäre für ihn nicht nötig, viele Tröstungen zu suchen. Wenn ein Mensch, der guten Willens ist, bedrängt oder angefochten oder von bösen Gedanken gequält wird, dann versteht er desto besser, daß ihm Gott vonnöten ist, und er gibt Zeugnis, daß er ohne ihn ganz und gar nichts vermöge. Er seufzet und betet um des Jammers wegen, den er erleidet. Dann verdrießt ihn länger zu leben, er wünscht den Tod herbei, um aufgelöst zu werden und bei Christus zu sein. Und dann merkt er auch recht, daß Sicherheit und voller Friede in der Welt nicht bestehen kann.

Das dreizehnte Kapitel

Wie man den Versuchungen widerstehen soll

So lange wir in der Welt leben, können wir ohne Drangsal und Versuchung nicht sein. Daher bei Hiob geschrieben steht: *Versuchung ist des Menschen Leben auf Erden.* Darum sollte ein Jeder achtsam sein auf seine Versuchungen und wachen im Gebete, damit der Teufel keine Stätte finde zum Betruge, er, der niemals schläft, sondern umhergeht suchend, wen er verschlinge. Niemand ist so heilig und vollkommen, daß er nicht zuweilen Versuchungen hätte; und wir können ihrer nicht gänzlich ermangeln.

Es sind jedoch die Versuchungen dem Menschen sehr nützlich, obschon sie lästig und beschwerlich sind: denn in ihnen wird der Mensch gedemütigt, gereinigt und unterwiesen. Alle Heiligen sind durch viele Trübsale und Versuchungen hindurchgegangen und haben Fortschritte gemacht, und die, welche die Versuchungen nicht ertragen mochten, sind verworfen worden und abgefallen. Kein Orden ist so heilig und keine Stätte so geheim, wo nicht Versuchungen und Widerwärtigkeiten sind.

Der Mensch ist nie ganz sicher vor Versuchungen, so lange er lebt; denn in uns liegt es, warum wir versucht werden, seit wir in Begierlichkeit geboren sind. Und wenn eine Drangsal oder Versuchung scheidet, nahet die andere, und immer haben wir etwas zu leiden; denn das Gut der Paradiesseligkeit haben wir verloren. Viele suchen den Anfechtungen zu entfliehen und fallen um so schwerer hinein. Durch die Flucht allein können wir nicht siegen, sondern durch Geduld und wahre Demut werden wir stärker denn alle Feinde.

Wer ihnen nur äußerlich ausweicht und die Wurzel nicht ausreißt, wird wenig fördern, vielmehr werden die Versuchungen um so schneller zu ihm zurückkehren und um so ärger anstürmen. Allgemach und durch Geduld mit Langmut geeint, wirst du sie mit Gottes Hilfe besser überwinden, als durch Hartnäckigkeit und eignes Ungestüm. Nimm oft Rat in Versuchung und sei nicht hart gegen einen, der in Versuchung ist, sondern sprich ihm Trost zu, wie du möchtest, daß dir geschehe.

Der Anfang aller bösen Versuchungen ist Unstetigkeit des Gemütes und geringes Vertrauen auf Gott; denn wie ein Schiff ohne Steuer hin und her getrieben wird von den Fluten, also wird ein nachlässiger und seinem guten Vorsatze ungetreuer Mensch mannigfaltig versucht. Im Feuer bewährt sich das Eisen, in der Versuchung der gerechte Mensch. Wir wissen oft nicht, was wir vermögen, aber die Versuchung offenbart, was wir sind. Wachen müssen wir jedoch vorzüglich beim Beginne der Versuchung, weil der Feind alsdann leichter überwunden wird, wenn man ihn nirgends durch die Türe des Gemütes einläßt, sondern ihm auf der Schwelle schon, sobald er anklopft, widersteht. Darum sagte einer: Widerstrebe im Anfang; denn später helfen keine Arzneien.

Denn zuerst kommt dem Gemüte der bloße Gedanke, dann eine mächtige Einbildung, darnach Lust und sündliche Regung und Zustimmung; und so geht der böse Feind allgemach ganz in den Menschen ein, wenn im Anfange ihm nicht widerstanden wird. Und je länger einer ihm zu widerstehen säumt, um so schwächer wird er täglich in sich und um so mächtiger gegen ihn der Feind.

Einige erleiden im Anfange ihrer Bekehrung schwerere Versuchungen, Einige am Ende, Einige haben es gleichsam das ganze Leben hindurch schlimm, Etliche werden nur ganz leicht versucht nach der Weisheit und Gerechtigkeit göttlicher Anordnung, die Stand und Verdienste der Menschen abwägt und Alles zum Heile ihrer Erwählten im voraus ordnet.

Darum sollen wir nicht verzweifeln, wenn wir versucht werden, sondern um so inbrünstiger von Gott erbitten daß er uns würdige, in aller Drangsal uns beizustehen, da er ja, nach dem Worte Sankt Pauli, der Versuchung solchen Ausgang bereiten wird, daß wir sie ertragen können. Demütigen wir darum unsere Seelen unter der mächtigen Hand Gottes in aller Versuchung und Drangsal, weil er die Demütigen im Geiste erlösen und erhöhen wird.

In Versuchungen und Drangsalen wird der Mensch erprobt, wie weit er sich vervollkommnet hat, und so ist das Verdienst größer und wird die Tugend besser kund. Es ist auch nichts Großes, wenn der Mensch dann andächtig und inbrünstig ist, wenn er keine Beschwerden empfindet; aber wenn er zur Zeit der Widerwärtigkeit geduldig sich aufrecht erhält, dann wird großer Fortgang zu hoffen sein. Einige werden vor großen Versuchungen behütet und in den täglichen so oft überwunden, damit sie demütig in großen niemals auf sich vertrauen, da sie in geringen sich schwach bewiesen.

Das vierzehnte Kapitel

Von der Vermeidung frevlerischen Urteils

Wende deine Augen zurück auf dich selbst und hüte dich, Anderer Tun zu richten. Richtet der Mensch Andere, so mühet er sich vergeblich, irrt zum öfteren und versündigt sich zu leicht. Richtet und erforscht er sich aber selbst, so ist seine Mühe stets fruchtbar. Wie uns eine Sache am Herzen liegt, so urteilen wir häufig darüber. Denn das wahre Urteil verlieren wir leicht durch die Eigenliebe. Wäre Gott die lautere Absicht unseres Verlangens, wir würden nicht so leicht durch das Widerstreben unseres Sinnes verwirrt werden.

Aber oft ist uns etwas von innen verborgen oder begegnet uns etwas von außen, was uns beides zugleich anzieht. Viele suchen heimlich sich selbst in ihrem Tun, und wissen's nicht. Sie scheinen auch in gutem Frieden zu stehen, wenn die Dinge nach ihrem Willen und Sinne gehen. Aber geht es anders, als sie wünschen, gleich geraten sie in Unruhe und werden traurig. Ob der Verschiedenheit der Sinne und Meinungen entspringen gar oft Mißhelligkeiten unter Freunden und Nachbarn, unter Ordensleuten und frommen Laien.

Eine alte Gewohnheit wird schwer verlassen, und über das eigene Sehen hinaus läßt sich Niemand gern führen. Wenn du dich mehr auf deine Kraft und Geschäftigkeit stützest, als auf die Kraft aus der Unterwerfung unter Jesus Christus, so wirst du selten und spät ein erleuchteter Mensch werden, weil Gott will, daß wir uns ihm vollkommen unterwerfen und uns über alle Vernunft durch entflammte Liebe erheben.

Das fünfzehnte Kapitel

Von den Werken, die aus Liebe geschehen

Um kein Ding in der Welt und um keines Menschen Liebe willen soll man etwas Böses tun. Aber zum Frommen eines Bedürftigen ist zuweilen ein gutes Werk zu unterlassen oder manchmal gegen ein besseres zu vertauschen. Denn geschieht dies, so wird das gute Werk nicht vernichtet, sondern in ein besseres umgewandelt. Ohne Liebe frommt ein äußerlich Werk Niemanden. Was aber aus Liebe geschieht, wie klein und wie verschmäht es auch immer sei, so wird es doch ganz fruchtbar, da Gott mehr erwägt, wie groß der innere Sinn ist, woraus einer wirkt, als wie groß das ist, was er wirkt.

Viel wirkt, wer viel liebt; viel wirkt, wer recht wirkt; recht wirkt, wer mehr der Gesamtheit als dem eigenen Willen dient. Oft scheint etwas Liebe und ist vielmehr Fleischlichkeit, weil natürliche Neigung, Eigenwille, Hoffnung auf Vergeltung und Hang nach Gemächlichkeit selten fehlen.

Wer wahre und vollkommene Liebe hat, sucht in keiner Sache sich selbst, sondern wünscht Gottes Ehre allein in Allem gefördert.

Auch beneidet er Niemanden, weil er keine besondere Freude liebt und sich nicht in sich selbst erfreuen will, sondern in Gott über alle Güter beseligt zu werden wünscht. Niemanden schreibt er etwas Gutes zu, sondern führt Alles gänzlich auf Gott zurück, von dem alle Dinge entspringen, in dem alle Heiligen am Ende selig ruhen.

O, wer ein Fünklein wahrer Liebe hätte, würde vollkommen sicher fühlen, wie alles Irdische voll von Eitelkeit ist.

Das sechzehnte Kapitel

Wie man fremde Gebrechen geduldig leiden soll

Was der Mensch an sich oder an Anderen nicht zu bessern vermag, soll er geduldig ertragen, bis Gott es anders fügt. Denke, daß es vielleicht also besser ist für deine Bewährung und Geduld, ohne welche unsere Verdienste nicht gar hoch zu schätzen sind. Du sollst jedoch solcher Hemmnisse wegen zu Gott flehen, daß er dich Seiner Hilfe würdige, damit du sie sanftmütig ertragen könnest.

Wer ein- oder zweimal ermahnt sich nicht aufklären läßt, mit dem sollst du nicht streiten, sondern befiehl es gänzlich Gott, daß Sein Wille und Seine Ehre in allen Seinen Dienern vollbracht werde; Er weiß Böses in Gutes zu kehren. Befleiße dich, fremde Gebrechen und Schwächen jeder Art geduldig zu ertragen, weil auch du Vieles hast, was die Anderen von dir ertragen müssen. Kannst du dich selbst nicht so machen, wie du willst, wie wirst du einen Anderen nach deinem Wohlgefallen machen können? Gern sehen wir Andere vollkommen, doch die eigenen Gebrechen bessern wir nicht.

Wir wollen, daß Andere streng zurecht gewiesen werden, und wollen uns selbst nicht zurecht weisen lassen. Uns mißfällt der Anderen große Ungebundenheit, und doch wollen wir uns nichts verbieten lassen, um was wir bitten. Wir wollen, daß Andere durch

Satzungen eingeschränkt werden, und dulden doch selbst weiter keine Schranke. So ist also offenbar, wie selten wir den Nächsten nach unserem Maße messen. Wären alle Menschen vollkommen, was hätten wir dann von den Anderen nach Gottes willen zu leiden?

Nun aber hat es Gott so geordnet, auf daß Einer des Andern Bürde tragen lerne, weil Niemand ohne Gebrechen, Niemand ohne Bürde, Niemand sich selbst genügend, Niemand sich weise genug ist, sondern wir einander ertragen, einander trösten, gemeinsam helfen, belehren und ermahnen müssen. Wie groß aber eines Jeden Tugend gewesen, das zeigt sich am besten gelegentlich an der Widerwärtigkeit. Denn die Gelegenheiten machen den Menschen nicht gebrechlich, sondern zeigen, wer er ist.

Das siebzehnte Kapitel

Vom klösterlichen Leben

Dir tut Not, zu lernen selbst mit Vielem zu brechen, willst du Frieden und Eintracht mit Anderen halten. Es ist kein Kleines in Klöstern oder in Gemeinschaft zu leben, und daselbst ohne Klage zu wandeln und bis zum Tode getreulich zu verharren. Selig, wer daselbst recht gelebt und glücklich seine Tage beschlossen hat. Willst du gut bestehen und fortschreiten, so halte dich wie einen Verbannten und Pilger auf

Erden. Du mußt ein Tor werden für Christus, willst du ein klösterlich Leben führen.

Kleid und Tonsur machen wenig aus, aber sittliche Umwandlung und gänzliche Abtötung der Leidenschaften machen einen wahren Ordensmann. Wer Anderes sucht, als Gott allein und seiner Seele Heil, wird nichts finden als Trübsal und Schmerz. Auch kann nicht lange friedsam bestehen, wer nicht danach ringt, der Mindeste zu sein und allen untertan. Zum Dienen bist du gekommen, nicht zum Regieren; zu leiden und dich zu mühen, dazu, wisse, bist du berufen, nicht zum Müßiggehen oder zum Schwätzen. Hier also werden die Menschen erprobt, wie Gold in dem Feuerofen. Hier vermag Niemand zu bestehen, der sich nicht von ganzem Herzen um Gottes willen demütigen will.

Das achtzehnte Kapitel

Von den Vorbildern der heiligen Väter

Blicke auf der heiligen Väter lebendige Vorbilder, in denen wahre Vollkommenheit und Frömmigkeit aufleuchtete, und du wirst sehen, wie wenig und wahrhaft nichts das ist, was wir wirken. Ach! was ist unser Leben verglichen mit ihrem? Die Heiligen und Freunde Christi haben dem Herrn gedient in Hunger und Durst, in Kälte und Blöße, in Arbeit und Mühe, in Wachen und Fasten, in Beten und heiligen Betrachtungen, in Verfolgungen und vielen Unbilden.

O wie viele und schwere Drangsale haben die Apostel, Märtyrer und Bekenner, die Jungfrauen und alle Übrigen, die Christi Fußstapfen folgen wollten, erlitten! Denn ihre Seelen haben sie in dieser Welt gehaßt, auf daß sie dieselben im ewigen Leben besäßen. O wie gar ein streng und abgeschieden Leben haben die heiligen Väter in der Wüste geführt, wie lange und schwere Versuchungen haben sie erduldet; wie oft wurden sie von dem Feinde geplagt; wie viele und inbrünstige Gebete opferten sie Gott; wie übten sie so strenges Fasten; welch großen Ernst und Eifer hatten sie zu geistlicher Vollkommenheit; welch großen Kampf führten sie zur Bezwingung der Laster; in welch lauterer und gerader Richtung gingen sie zu Gott! Am Tage arbeiteten sie, die Nächte lagen sie dem Gebete ob, wenngleich sie unter der Arbeit nicht im mindesten von dem Gebete des Herzens abließen.

Alle ihre Zeit verwendeten sie nützlich; jede Stunde im Umgange Gottes schien ihnen zu kurz. Und vor großer Süßigkeit der Beschauung wurde sogar der Bedürfnisse leiblicher Erquickung vergessen. Allen Reichtümern, Würden, Ehren, Freunden und Verwandten entsagten sie. Nichts von der Welt begehrten sie zu haben; kaum nahmen sie das Nötige zum Leben; selbst notgedrungen dem Leibe zu dienen, schmerzte sie. Arm waren sie daher an irdischen Dingen, aber sehr reich an Gnade und Tugenden. Äußerlich darbten sie, aber innerlich wurden sie durch die Gnade und göttlichen Tröstungen erquickt.

Der Welt waren sie fremd, aber Gott nahe und seine trauten Freunde. Sich selbst erschienen sie wie nichts und von der Welt verschmäht, aber in den Augen Gottes waren sie kostbar und auserwählt. In wahrer Demut standen sie, und in einfältigem Gehorsam lebten sie, in Liebe und Geduld wandelten sie, und darum wurden sie täglich vollkommener und erlangten große Gnade bei Gott. Zum Vorbilde sind sie allen Ordensleuten gegeben, und sie sollen uns mehr zur Besserung auffordern, als die Menge der Lauen zur Fahrlässigkeit.

O welche Inbrunst hatten alle Ordensleute im Anfange ihrer heiligen Stiftung! O welche Andacht des Gebetes waltete da, welcher Wetteifer der Tugend, welche strenge Zucht; o welche Ehrfurcht und Gehorsam gegen die Regel blühte in allen! Noch bezeugen's die hinterlassenen Spuren, daß es wahrhaftig heilige und vollkommene Männer waren, die so ritterlich streitend, die Welt in den Staub traten. Jetzt gilt der für groß, der kein Übertreter ist, der mit Geduld ertragen kann, was er empfing. Ach der Lauigkeit und Fahrlässigkeit unseres Standes, daß wir so bald abweichen von dem ersten Eifer, und es uns vor Lässigkeit und Ermattung zu leben verdrießt! O daß die Vervollkommnung in den Tugenden nicht gänzlich in dir schliefe, der du viele Vorbilder von Frommen so oft gesehen hast.

Das neunzehnte Kapitel

Von den Übungen eines guten Ordensmannes

Das Leben eines rechten Ordensmannes soll an allen Tugenden reich sein, damit er innerlich das sei, was er vor den Menschen äußerlich scheint. Und mit Recht soll er innerlich viel mehr sein, als was äußerlich gesehen wird, weil unser Herzens-Durchschauer Gott ist, den wir auf's höchste, wo wir auch seien, verehren und vor dessen Angesicht wir, gleich Engeln, rein einhergehen sollen. Jeden Tag sollen wir unsern Vorsatz erneuern und zum Eifer uns erwecken, als ob wir erst heute zur Bekehrung gekommen wären, und sprechen: Stehe mir bei, o Gott, in meinem guten Vorsatze und in Deinem heiligen Dienste, und schenke mir heute vollkommen zu beginnen, weil das, was ich bis jetzt tat, nichts ist.

Je nach unserem Vorsatz ist der Verlauf unserer Besserung, und vielen Fleißes bedarf, wer fortschreiten will. Wenn nun der, welcher Vorsätze faßt, oft fällt, wie erst der, welcher nur selten oder weniger fest sich etwas vorsetzt? Auf mancherlei Weise jedoch geschieht es, daß der Vorsatz aufgegeben wird, und eine geringe Unterlassung geistlicher Übungen geht kaum ohne Schaden hin. Der Vorsatz der Gerechten ruht mehr auf der Gnade Gottes als auf der eigenen Weisheit. Auf ihn vertrauen sie allezeit, was sie auch ergreifen. Denn der Mensch denkt's, Gott aber lenkt's, denn der Mensch ist nicht Herr seines Weges. Wird der Mildtätigkeit wegen oder zum Zwecke des brüderlichen Nutzens manchmal eine gewohnte Übung unterlassen, so kann sie später leicht nachgeholt werden. Wird sie aber aus Überdruß des Gemütes oder Fahrlässigkeit leichtsinnig verabsäumt, so ist es wohl strafbar, und der Schaden wird fühlbar. Wir mögen uns anstrengen, so sehr wir können, dennoch werden wir in Vielem fehlen. Doch sollen wir uns allezeit etwas Bestimmtes vornehmen, und vorzüglich das vornehmen, was uns am meisten im Fortschritt hindert. Unser Äußeres und Inneres müssen wir gleichmäßig erforschen und ordnen, weil Beides die eigene Besserung fördert.

Wenn du dich nicht beständig zu sammeln vermagst, so tue es doch zuweilen; zum mindesten zweimal im Tage, des Morgens nämlich und des Abends. Am Morgen fasse deinen Vorsatz, am Abend prüfe deinen Wandel, wie du heute gewesen in Wort und Tat und Gedanke, weil du hierinnen vielleicht Gott und den Nächsten zum öfteren beleidigt hast. Gürte dich wie ein tapferer Mann wider die teuflischen Bosheiten; zügle den Gaumen und du wirst um so leichter alles fleischliche Gelüste zügeln. Niemals sei ganz und gar müßig, sondern lies oder schreibe, oder bete, oder betrachte, oder arbeite etwas Nützliches für die Gemeinschaft. Die leiblichen Übungen jedoch sind mit Maß zu verrichten und sollen nicht von Allen gleichmäßig übernommen werden.

Übungen, welche nicht gemeinschaftlich sind, soll man nicht äußerlich zeigen; denn die besonderen werden sicherer im Geheimen geübt. Hüte dich jedoch, daß du nicht träg zu den gemeinschaftlichen seiest und zu den eigenen allzu bereit; sondern wenn du die pflichtmäßigen und dir auferlegten gänzlich und getreulich erfüllt hast, und es bleibt dir darüber noch freie Zeit, dann tue, wie es deine Andacht dir eingibt. Nicht Alle können eine Übung haben, sondern diesem dient die eine, jenem mehr die andere; auch nach Gelegenheit der Zeit gefallen verschiedene Übungen mehr; denn die einen sagen mehr an Festtagen zu, die anderen an Werktagen, der einen bedürfen wir zur Zeit der Versuchung, der anderen zur Zeit des Friedens und der Ruhe. Anderes denken wir gern, wenn wir trauern, Anderes, wenn wir fröhlich im Herrn sind. Um die Zeit der hohen Feste sind die guten Übungen zu erneuen und die Heiligen inbrünstiger um ihre Fürbitte anzuflehen. Von Fest zu Fest sollen wir unsere Vorsätze fassen, so als ob wir dann aus der Welt scheiden und zum ewigen Feste gelangen würden. Und deswegen sollen wir uns sorgfältig in den Zeiten der Andacht vorbereiten und andächtiger wandeln und jeglichen Brauch strenger halten, als ob wir in kurzem unserer Arbeit Lohn von Gott empfangen würden.

Und wird dies noch aufgeschoben, dann sollen wir uns für zu wenig vorbereitet halten und für unwürdig einer solchen Glorie, die uns wird offenbart werden zur bestimmten Zeit, und wir sollen bemüht sein, besser zum Hingange uns zu bereiten. Selig der Knecht, sagt der Evangelist Lukas, den der Herr, so er kommt, wachend findet. Fürwahr, sage ich euch, über alle seine Güter wird er ihn setzen.

Das zwanzigste Kapitel

Von der Liebe zur Einsamkeit und zum Schweigen

Such' eine gelegene Zeit, mit dir allein zu sein. Der Wohltaten Gottes gedenke oft; was für den Fürwitz ist, das lasse, und durchlies solche Schriften, die dir eher Zerknirschung als Unterhaltung bereiten. Hast du dich überflüssigen Redereien, fürwitzigem Umherlaufen und dem Anhören von Neuigkeiten und Gerüchten entzogen, so wirst du hinreichende und gelegene Zeit finden, guten Betrachtungen obzuliegen. Die größten Heiligen vermieden die Gesellschaften der Menschen, wo sie konnten, und erwählten, Gott im Verborgenen zu leben.

Es hat Jemand gesagt: So oft ich unter Menschen war, kehrte ich als ein geringerer Mensch heim. Dies erfahren wir zum öfteren, wenn wir lange mit einander schwätzen. Denn es ist leichter ganz zu schweigen, als sich im Worte nicht zu vergehen. Leichter ist's daheim sich zu bergen, als auswärts sich genugsam behüten zu können. Wer also darnach trachtet zum

Innerlichen und Geistlichen zu gelangen, dem tut Not, mit Jesu der Menge auszuweichen. Niemand tritt sicher hervor, der nicht gern verborgen ist. Niemand spricht sicher, der nicht gern schweigt. Niemand kann sicher obenanstehen, der nicht gern unten steht. Niemand gebietet sicher, der nicht gehorchen lernt. Niemand freut sich sicher, der nicht das Zeugnis eines guten Gewissens hat.

Immer jedoch war der Heiligen Sicherheit voll der Furcht Gottes. Und sie waren darum nicht minder sorgfältig und demütig in sich, obwohl sie durch große Tugenden und Gnade voranleuchteten. Der Bösen Sicherheit jedoch entspringt aus Hoffart und Anmaßung und kehrt sich zuletzt in Verzweiflung an sich selbst. Niemals versprich dir Sicherheit in diesem Leben, ob du auch ein guter Klosterbruder oder guter Eremit zu sein scheinst.

Oft sind solche, die für die Besseren in der Achtung der Menschen gelten, durch ihr übermäßiges Selbstvertrauen gefährdet worden. Darum ist es vielen nützlicher, daß sie nicht gänzlich der Versuchungen ermangeln, sondern zum öfteren angefochten werden, damit sie nicht allzu sicher seien, auf daß sie sich nicht zum Stolze erheben und um so ausgelassener äußerlichen Tröstungen sich hingeben. O, wer niemals vergängliche Freude suchte, wer nie mit der Welt sich befaßte, welch gut Gewissen würde er bewahren! O, wer alle eitle Sorge abschnitte, und nur des Heilsamen und Göttlichen gedächte und seine ganze Hoffnung auf den Herrn setzte, wie gar großen Frieden und Ruhe würde der besitzen!

Niemand ist würdig himmlischer Tröstung, als wer emsig sich geübt hat in heiliger Zerknirschung. Willst du bis zum Herzen zerknirscht werden, gehe in dein Kämmerlein und schließe den Lärm der Welt aus, wie geschrieben steht: in euern Kämmerlein sollt ihr zerknirscht werden. In der Zelle wirst du finden, was du auswärts zum öfteren verlierest. Treu gehütet wird die Zelle lieblich, übel gehütet bringt sie Überdruß. Wenn du im Beginne deiner Bekehrung deine Zelle wohl bewohnest und hütest, so wird sie dir nachher eine liebe Freundin und der angenehmste Trost sein.

In Schweigen und Ruhe gedeiht die andächtige Seele und lernt die Geheimnisse der Schrift. Da findet sie Tränenbäche, sich jede Nacht darin zu waschen und zu läutern, damit sie ihrem Schöpfer um so vertrauter werde, je ferner sie von allem menschlichen Lärme wohnt. Wer sich also den Bekannten und Freunden entzieht, dem wird Gott sich nähern mit den heiligen Engeln. Besser ist's, verborgen zu sein und für sich selbst Sorge zu tragen, als mit Vernachlässigung seiner selbst Wunder zu wirken. Löblich ist's für einen gottgeweihten Menschen, selten auszugehen, meiden gesehen zu werden, und die Menschen nicht sehen zu wollen.

Warum willst du das sehen, was dir zu haben nicht erlaubt ist? Es vergeht die Welt und ihre Begierlichkeit. Die Gelüste der Sinnlichkeit locken den Menschen, sich draußen zu ergehen; ist aber die Stunde vorüber, was trägst du davon, als Beschwerde des Gewissens und Herzenszerstreuung? Ein fröhlicher Ausgang bringt oft einen traurigen Heimgang, und späte Belustigung am Vorabende bereitet einen traurigen Morgen. Also geht alle fleischliche Lust an mit Schmeicheln, zuletzt aber tötet ihr Schlangenbiß.

Was kannst du anderswo sehen, was du hier nicht siehst? Siehe Himmel und Erde und alle Elemente, denn daraus ist Alles gemacht. Was kannst du schon irgendwo sehen, das da lange unter der Sonne bestehen kann? Du glaubst vielleicht, gesättigt zu werden, du wirst es aber nicht erreichen können. Sähest du alle Dinge gegenwärtig, was wäre es anders denn ein Scheingesicht? Erhebe deine Augen zu Gott in die Höhe und bete deiner Sünden und Versäumnisse wegen. Laß das Eitle den Eitlen, du aber sei auf das gerichtet, was Gott dir geboten. Beschließe die Türe hinter dir und rufe Jesum, deinen Geliebten, zu dir. Bleibe mit ihm in der Zelle, weil du anderwärts keinen solchen Frieden finden wirst. Wärest du nicht ausgegangen und hättest nichts von den Gerüchten gehört, du wärest besser in gutem Frieden geblieben. Seitdem es dich manchmal Neues zu hören ergötzet, mußt du deswegen auch Betrübnis des Herzens ertragen.

Das einundzwanzigste Kapitel

Von der Zerknirschung des Herzens

Willst du im Guten zunehmen, dann bewahre dich in der Furcht Gottes und begehre nicht allzu frei zu sein, sondern halte alle deine Sinne unter Zucht und überlasse dich nicht törichter Fröhlichkeit. Gib dich der Zerknirschung des Herzens hin, und du wirst Andacht finden. Die Zerknirschung bringt manches Gute hervor, das die Leichtfertigkeit schnell zu verlieren pflegt. Wundersam ist's, wie der Mensch je vollkommen fröhlich werden kann in diesem Leben, wenn er seine Verstoßung in's Elend und so viele Gefahren seiner Seele betrachtet und erwägt.

Ob der Leichtfertigkeit unseres Herzens und der Versäumnis unserer Gebrechen fühlen wir unserer Seele Schmerzen nicht, sondern lachen oft leichtsinnig, wenn wir billig weinen sollten. Es gibt keine wahre Freiheit noch rechte Fröhlichkeit als in Gottesfurcht und gutem Gewissen. Glücklich, wer jede hemmende Zerstreuung von sich abweisen und zur Einigung in heiliger Zerknirschung sich sammeln kann. Selig, wer sich von Allem lossagt, was sein Gewissen beflecken oder beschweren kann. Streite männlich, Gewohnheit wird durch Gewohnheit überwunden. Kannst du die Menschen lassen, so werden auch sie dich wohl gern deine Werke wirken lassen.

Ziehe nicht Anderer Geschäfte an dich und verstricke dich nicht in die Angelegenheiten der Großen. Dein Auge halte stets zuerst auf dich gerichtet, und ermahne dich selbst insbesondere vor all denen, die dir lieb sind. Besitzest du nicht die Gunst der Menschen, so laß es dich nicht bekümmern, sondern das sei zu dir hart, daß du dich nicht für allzugut hältst und für so zurückhaltend, wie einem Diener Gottes und frommen Ordensmann zu wandeln geziemte. Oft ist es heilsamer und sicherer, daß der Mensch nicht viele Tröstungen in diesem Leben habe, besonders dem Fleische nach; daß wir jedoch keine göttlichen haben und uns selten andächtig fühlen, daran sind wir selbst schuld, weil wir die Zerknirschung des Herzens nicht suchen und die eiteln und äußerlichen Tröstungen nicht von uns werfen.

Erkenne dich göttlichen Trostes unwürdig, sondern vielmehr würdig vieler Trübsal. Wenn der Mensch vollkommen zerknirscht ist, dann ist ihm die ganze Welt schwer und bitter. Ein guter Mensch findet hinreichenden Grund zum Wehklagen und Weinen, er mag sich nun selbst betrachten, ohne den Nächsten in's Auge fassen. Er weiß, daß hienieden Niemand ohne Versuchung lebt, und je schärfer er sich betrachtet, um so mehr wird er wehklagen. Grund zu gerechtem Schmerz und innerlicher Zerknirschung sind unsere Sünden und Laster, in die wir so eingehüllt liegen, daß wir himmlische Dinge selten zu betrachten vermögen.

Dächtest du öfter an deinen Tod als an die Länge deines Lebens, kein Zweifel, du würdest dich eifriger bessern. Würdest du auch von Herzen die Strafen der Hölle und des Fegefeuers bedenken, ich glaube, du würdest gern Schmerz und Mühe ertragen und vor keiner Strenge erschrecken. Aber weil uns dies nicht zu Herzen geht und wir noch Schmeichelei der Sinne lieben, darum verbleiben wir kalt und überaus träge. Oft ist es Schwäche des Geistes, weshalb der elende Leib sich so leicht beklagt. Bete darum demütig zu Gott, daß er dir den Geist der Zerknirschung verleihe, und sprich mit dem Propheten: Speise mich, Herr, mit dem Brote der Tränen, und gibt mir einen Trunk in Tränen wohlgemessen.

Das zweiundzwanzigste Kapitel

Wie wir das menschliche Elend betrachten sollen

Elend bist du, wo du auch sein und wohin du dich kehren magst, wenn du nicht zu Gott dich kehrest. Was stört es dich, daß es dir nicht so geht, wie du wünschest und verlangest? Wer ist's, der Alles nach seinem Willen hat? Weder ich noch du, noch irgend ein Mensch auf Erden. Niemand ist in der Welt ohne einige Bedrängnis oder Angst, er sei König oder Papst. Wer ist's, der es besser hat? Sicher der, welcher für Gott etwas zu leiden vermag.

Es sprechen viele Schwache und Kranke: Sieh, welch gutes Leben hat jener Mensch, wie reich ist er, wie groß, wie mächtig und ausgezeichnet. Merke aber auf die himmlischen Güter, und du wirst sehen, daß alle jene zeitlichen nichts sind, sondern vielmehr ungewiß und sehr beschwerlich, weil ihr Besitz nie ohne Sorge und Furcht ist. Des Menschen Seligkeit ist nicht, Zeitliches im Überflusse zu besitzen, sondern ihm genügt Mäßiges. Fürwahr, ein Elend ist's, auf Erden zu leben. Je geistlicher der Mensch sein will, um so bitterer wird ihm das gegenwärtige Leben, weil er dann die Gebrechen menschlicher Verderbnis um so tiefer empfindet und um so klarer sieht. Denn essen, trinken, wachen, schlafen, ruhen, arbeiten und den übrigen Bedürfnissen der Natur unterworfen sein, ist wahrlich ein großer Jammer und eine Qual für einen frommen Menschen, der gern erlöst und aller Sünde frei wäre.

Denn gar sehr wird der innerliche Mensch durch die leiblichen Bedürfnisse in dieser Welt beschwert. Daher der Prophet andächtig bittet, daß er ihrer ledig sein möge, sprechend: Von meinen Bedürfnissen erlöse mich, o Herr! Aber wehe denen, die ihr Elend nicht erkennen, und mehr noch wehe jenen, die dieses elende und hinfällige Leben lieben. Denn so sehr hangen einige an demselben, obschon sie kaum durch Arbeiten und Betteln ihre Notdurft haben, daß sie sich, könnten sie hier nur immer leben, um das Reich Gottes nicht kümmern würden.

O die Unsinnigen und von Herzen Ungläubigen, die so tief in das Irdische versunken sind, daß nur das Fleischliche für sie Geschmack hat. Aber die Elenden werden noch am Ende schwer empfinden, wie wertlos und nichtig das war, was sie liebten. Die Heiligen Gottes aber und die andächtigen Freunde Christi achteten nicht auf das, was dem Fleische gefiel, noch was in dieser Zeitlichkeit blühte, sondern all ihr Hoffen und ihr Trachten lechzte nach den ewigen Gütern. Ihr ganzes Verlangen erhob sich aufwärts zu dem Bleibenden und Unsichtbaren, damit sie nicht durch Liebe des Sichtbaren hinabgezogen würden zum Niedrigsten.

Verliere, o Bruder, nicht das Vertrauen zu geistlicher Vervollkommnung, denn noch hast du dazu Zeit und Weile. Warum willst du deinen Vorsatz aufschieben? Erhebe dich und beginne augenblicklich und sprich: jetzt ist's Zeit zu wirken, nun ist's Zeit zu kämpfen, nun ist die gelegene Zeit sich zu bessern. Wann dir wehe ist und du bedrängt wirst, dann ist's Zeit, Verdienste zu gewinnen. Du mußt durch Feuer und Wasser hindurch gehen, bevor du zur Erquikkung gelangst. Wenn du dir nicht Gewalt antust, wirst du das Laster nicht überwältigen. So lange wir diesen gebrechlichen Leib tragen, mögen wir nicht ohne Sünde sein, noch ohne Überdruß und Schmerz leben. Gern hätten wir Ruhe vor allem Elende, aber weil wir durch die Sünde die Unschuld verloren haben, ist auch unsere wahre Glückseligkeit dahin.

Darum müssen wir Geduld haben und der Barmherzigkeit Gottes harren, bis dieses Arge vorüber ist und die Sterblichkeit vom Leben verschlungen wird.

O wie groß ist die menschliche Gebrechlichkeit, die allezeit zu Lastern geneigt ist! Heute beichtest du deine Sünden und morgen begehst du wiederum die gebeichteten. Jetzt nimmst du dir vor dich zu hüten, und eine Stunde darauf handelst du, als ob du dir nichts vorgenommen hättest.

Mit Recht mögen wir uns darum demütigen und niemals etwas Großes von uns denken, weil wir so gebrechlich und unbeständig sind. Schnell kann auch durch Fahrlässigkeit das verloren werden, was kaum erst mit großer Mühe durch die Gnade erworben ward.

Was wird noch am Ende aus uns werden, da wir so frühe erkalten? Wehe uns, wenn wir also uns zur Ruhe neigen wollen, als ob schon Friede und Sicherheit da wäre, da noch keine Spur wahrer Heiligkeit sich in unserem Wandel zeigt. Wohl täte es Not, daß wir noch angeleitet würden, wie gute Novizen, zu besseren Sitten, ob vielleicht noch künftig einige Besserung und größerer geistlicher Fortschritt zu hoffen wäre.

Das dreiundzwanzigste Kapitel

Von der Betrachtung des Todes

Gar bald wird es hier um dich geschehen sein; siehe doch, wie es mit dir steht. Heute ist der Mensch und morgen erscheint er nimmer. Ist er aber den Augen entrückt, dann schwindet er auch bald aus unserem Sinne. O der Trägheit und Hartnäckigkeit des menschlichen Herzens, das nur das Gegenwärtige betrachtet und des Künftigen sich nicht weiter versieht. Also solltest du dich in allem Tun und Denken halten, als ob du heute sterben würdest. Hättest du ein gutes Gewissen, so würdest du den Tod nicht sonderlich fürchten. Es wäre dir besser vor Sünden dich zu hüten, als den Tod zu fliehen. Bist du heute nicht bereit, wie wirst du es morgen sein? Morgen ist ein ungewisser Tag, und weißt du, ob du noch ein Morgen haben wirst?

Was frommt's lange zu leben, wenn wir so wenig besser werden? Ja, ein langes Leben mehrt oft die Schuld. O daß wir nur *einen* Tag gut gewandelt wären in dieser Welt! Viele rechnen die Jahre ihrer Bekehrung, aber die Frucht ihrer Besserung ist oft gering. Ist es schrecklich, zu sterben, so wird es noch gefährlicher sein, länger zu leben. Selig, wer die Stunde seines Todes immer vor Augen hat und sich täglich zum Sterben bereitet. Sahst du je einen Menschen sterben, so denke, daß du denselben Weg gehen wirst.

Ist's Morgen, so glaube, daß du den Abend nicht erreichen wirst; ist es aber Abend geworen, dann getraue dir nicht, noch einen Morgen zu versprechen. Immer also sei bereit und lebe also, daß niemals der Tod dich unbereit finde. Viele sterben plötzlich und unversehens: denn zu einer Stunde, wo man's nicht glaubt, wird des Menschen Sohn kommen. Ist jene letzte Stunde da, so wirst du viel anders über dein ganzes vergangenes Leben zu denken anfangen, und es wird dich sehr Schmerzen, daß du säumig und lässig warst. Wie glücklich und weise ist der, welcher sich immer bestrebt, so im Leben zu sein, wie er wünscht im Tode befunden zu werden. Denn vollkommene Verachtung der Welt, ein inbrünstig Verlangen in den Tugenden zuzunehmen, Liebe der Zucht, Arbeit der Buße, Bereitwilligkeit im Gehorsam, Selbstverleugnung und Erduldung jeder Widerwärtigkeit um der Liebe Christi willen werden große Zuversicht auf einen seligen Tod geben. Viel Gutes kannst du wirken, dieweil du gesund bist, aber wenn du erkrankest, weiß ich nicht, was du vermögen wirst. Wenige werden durch eine Krankheit gebessert, so wie auch die selten heilig werden, die viel umherpilgern.

Setze dein Vertrauen nicht auf deine Freunde und Nächsten, noch verschiebe dein Heil auf die Zukunft, weil die Menschen deiner schneller vergessen werden, als du meinest. Besser ist's, sich jetzt zeitig vorzusehen und etwas Gutes vorauszuschicken, als auf Anderer Hilfe zu hoffen. Wenn du jetzt nicht um dich selbst besorgt bist, wer wird künftig um dich besorgt sein? Jetzt ist die Zeit gar kostbar, jetzt sind Tage des Heiles, jetzt ist die Zeit zu nutzen. Aber ach leider, daß du sie nicht nützlicher verwendest, in der du das ewige Leben verdienen kannst. Der Augenblick wird kommen, wo du einen Tag oder eine Stunde zur Besserung dir wünschen, und ich weiß nicht, ob du ihn erflehen wirst.

Eia Allerliebster! von welcher Gefahr kannst du dich befreien, welch' großer Furcht dich entreißen, wenn du nur immer behutsam bist und auf den Tod Argwohn hegst. Befleiße dich nun so zu leben, daß du dich zur Stunde des Todes eher freuen als fürchten mögest. Lerne jetzt der Welt absterben, auf daß du dann mit Christo zu leben beginnest. Lerne jetzt Alles verachten, damit du dann frei zu Christus ziehen kannst. Züchtige jetzt deinen Leib durch Buße, damit du dann sichere Zuversicht haben könnest.

Auch du Tor! wie denkst du, lange zu leben, da du keinen Tag sicher hast? Wie viele wurden unverhofft dem Leibe entrissen? Wie oft hast du sagen hören: der fiel durch's Schwert, der ertrank, der stürzte aus der Höhe und brach den Hals, der erstickte beim Essen, der fand beim Spiele sein Ende, ein Anderer kam durch Feuer um, ein Anderer durch's Eisen, ein Anderer durch die Pest, ein Anderer durch Mord, und also ist Aller Ende der Tod, und das Leben der Menschen geht wie ein Schatten gar bald vorüber.

Wer wird deiner gedenken nach dem Tode, und wer wird für dich beten? Wirke, wirke nun. Allerliebster! was immer du wirken kannst: denn du weißt nicht, wann du sterben wirst; du weißt auch nicht, was für dich nach dem Tode folgt. Dieweil zu Zeit hast, sammle unsterbliche Schätze. An nichts als an dein Heil gedenke; nur was Gottes ist, darum kümmere dich. Mache dir jetzt Freunde, indem du die Heiligen verehrest und ihre Werke nachahmest, auf daß sie dich in ihre ewigen Hütten aufnehmen, wenn dies Leben ein Ende genommen.

Halte dich wie einen Pilger und Fremdling auf Erden, den der Welt Geschäfte nichts angehen. Bewahre ein freies und zu Gott aufwärts gerichtetes Herz, weil du hier keine bleibende Stätte hast. Dorthin sende täglich Gebete und Seufzer unter Tränen, daß dein Geist würdig werde nach dem Tode selig zu dem Herrn hinüberzugehen.

Das vierundzwanzigste Kapitel

Von dem Gerichte und den Strafen für Sünder

In allen Dingen blicke auf das Ende und wie du vor dem strengen Richter stehen wirst, dem nichts verborgen ist, der durch keine Gaben begütigt wird, noch Entschuldigungen annimmt, sondern wie es recht ist, richten wird.

O du elendester und törichter Sünder, was wirst du Gott antworten, der alle deine Missetaten kennt, der du zuweilen das Angesicht eines erzürnten Menschen fürchtest? Warum siehst du dich nicht vor auf den Tag des Gerichtes? wo keiner durch den Anderen wird entschuldigt oder verteidigt werden können, sondern Jeder sich selbst eine schwere Last sein wird. Jetzt ist deine Arbeit noch fruchtbar, dein Weinen angenommen, dein Seufzen erhörbar, dein Schmerz sühnend und reinigend.

Ein großes und heilsames Fegfeuer hat der geduldige Mensch, den bei Kränkungen mehr des Andern Bosheit schmerzt als die Kränkung selbst, der für seine Widersacher gern betet und ihnen von Herzen ihre Schuld vergibt; der Andere um Verzeihung zu bitten nicht säumt; der leichter sich erbarmet als erzürnet; der sich oft Gewalt antut und sein Fleisch dem Geiste gänzlich zu unterjochen sucht. Besser ist's, jetzt sich von Sünden zu reinigen und die Laster abzuschneiden, als sie für eine künftige Reinigung aufzusparen. Wir betrügen uns wahrhaft selbst durch die ungeordnete Liebe, die wir zu dem Fleische hegen.

Was anderes wird jenes Feuer verschlingen als deine Sünden? Je mehr du deiner jetzt schonst und dem Fleische folgest, um so härter wirst du nachher büßen und um so größern Stoff zum Verbrennen sparst du auf. Worin der Mensch gesündigt, darin wird er um so schwerer gestraft werden. Dort werden

61

die Trägen mit glühenden Stacheln gestochen, die Schlemmer von entsetzlichem Hunger und Durst gequält werden. Dort werden die Unkeuschen und Wollüstlinge mit glühendem Peche und stinkendem Schwefel übergossen, und wie rasende Hunde werden die Neidischen heulen.

Es wird kein Laster sein, das nicht seine eigene Marter haben wird. Dort werden die Hoffärtigen mit aller Beschämung erfüllt und die Geizigen von dem jämmerlichsten Mangel bedrängt werden. Dort wird eine Stunde in der Pein härter sein, als hier hundert Jahre in der schwersten Buße. Dort ist keine Ruhe, kein Trost für die Verdammten; hier rastet man doch zuweilen von der Arbeit und genießt des Trostes der Freunde. Jetzt sei besorgt und voll Schmerz über deine Sünden, damit du am Tage des Gerichtes sicher sein mögest mit den Seligen. Denn dann werden die Gerechten dastehen in großer Standhaftigkeit wider die, welche sie ängstigten und bedrückten. Dann wird als Richter dastehen, der sich hier demütig den Gerichten der Menschen unterwirft. Dann wird der Arme und Demütige große Zuversicht haben, und zagen wird ringsum der Stolze.

Dann wird kund werden, daß ein Weiser in diesem Leben gewesen, wer für Christus lernte ein Tor und verachtet zu sein. Wohlgefallen wird dann alle geduldig erlittene Trübsal, und jede Bosheit wird ihren Mund schließen. Dann wird jeder Fromme sich freuen, und trauern jeder Gottlose. Dann wird das gekreuzigte Fleisch mehr frohlocken, als wäre es immer im Wohlgenuß gepflegt worden. Dann wird ein schlechtes Kleid glänzen und ein feines erbleichen. Dann wird eine ärmliche Hütte mehr gepriesen werden, als ein übergoldeter Palast. Dann wird standhafte Geduld mehr helfen, als alle Macht der Welt. Dann wird der einfache Gehorsam mehr erhöht werden, als alle weltliche Verschlagenheit.

Dann wird ein reines, einfaches und gutes Gewissen mehr erfreuen, als gelehrte Philosophie. Dann wird Verschmähung des Reichtums schwerer wiegen, als alle Schätze erdgeborener Menschen. Dann wirst du mehr Trost empfinden von einem frommen Gebet, als von einer leckern Mahlzeit. Dann wirst du dich über das beobachtete Stillschweigen mehr erfreuen, als über ein langes Gespräch. Dann werden heilige Werke mehr vermögen, als viele schöne Worte. Dann wird dir ein strenges Leben und harte Buße mehr gefallen, als alle irdische Ergötzlichkeit. Lerne jetzt im Kleinen dulden, damit du dann vom Schwereren mögest befreit werden. Hier erprobe zuerst, was du nachher vermögest. Wenn du jetzt so weniges aushalten kannst, wie wirst du die ewigen Qualen ertragen können? Wenn jetzt ein mäßig Leiden dich so ungeduldig macht, was wird dann die Hölle tun? Siehe, du kannst fürwahr nicht doppelte Freude haben: hier in der Welt dich ergötzen und dann herrschen mit Christus.

Hättest du bis zum heutigen Tage immer in Ehren

und Lüsten gelebt, was würde dir das alles frommen, träfe dich jetzt auf der Stelle der Tod? Alles also ist Eitelkeit, außer Gott lieben und ihm allein dienen. Denn wer Gott aus ganzem Herzen liebt, fürchtet weder Tod, noch Marter, noch Gericht, noch Hölle, weil die vollkommene Liebe sicheren Zutritt zu Gott bereitet. Wen es aber noch zu sündigen gelüstet, da ist's kein Wunder, wenn er Tod und Gericht fürchtet. Gut ist's jedoch, wenn die Liebe dich noch nicht von dem Bösen abhält, daß dich dann die Furcht vor der Hölle in Schranken halte. Wer aber die Gottesfurcht hintansetzt, wird es nicht vermögen, lange im Guten zu bestehen, sondern er wird um so schneller in des Teufels Stricke geraten.

Das fünfundzwanzigste Kapitel

Von eifriger Besserung unseres ganzen Lebens

Sei wachsam und eifrig im Dienste Gottes, und bedenke oft: Wozu bist du gekommen und warum hast du (als Ordensmann) die Welt verlassen? Nicht wahr, darum, um Gott zu leben und ein geistlicher Mensch zu werden? So beeifere dich denn zur Besserung, weil du den Lohn deiner Mühen in Kurzem empfangen wirst; und alsdann wird weder Furcht noch Schmerz in deiner Nähe sein. Nur ein Geringes wirst du dich hier mühen und einst große Ruhe, ja immerdauernde

Freude finden. Verharrest du treu und inbrünstig im Wirken, dann wird auch Gott ohne Zweifel getreu und reich in der Vergeltung sein. Gute Hoffnung sollst du behalten, zur Siegespalme zu gelangen; aber der Sicherheit darfst du dich nicht vermessen, damit du nicht lau oder hochmütig werdest.

Als nämlich Einer ängstlich zwischen Furcht und Hoffnung oft hin und her schwankte und einstmal, vom Gram erschöpft, in der Kirche vor einem Altar sich im Gebete niederwarf, erwog er Folgendes bei sich und sprach: O wüßte ich nur, daß ich fortan ausharren werde! Da – er hörte zur Stelle innerlich eine göttliche Antwort: Was, so du es wüßtest, wolltest du dann tun? Tue jetzt, was du dann tun wolltest, so wirst du wohl sicher sein. Und alsbald überließ er sich getröstet und gestärkt dem göttlichen Willen, und das ängstliche Schwanken hörte auf; und er wollte nimmer fürwitzig nachspüren, um zu erfahren, was ihm künftig geschehen würde, sondern war mehr beflissen zu erforschen, was Gottes wohlgefälliger und vollkommener Wille sei, um jedes gute Werk zu beginnen und zu vollenden.

Hoffe auf den Herrn und tue Gutes, spricht der Prophet, und wohne im Lande, und du wirst dich weiden an seinem Reichtume.

Eins ist's, was Viele von dem Fortschritte und eifriger Besserung zurückhält: die Scheu vor der Schwierigkeit oder die Mühseligkeit des Kampfes. Aber jene nehmen zumeist vor Anderen in den Tugenden zu, die sich nämlich anstrengen das zu überwinden, was ihnen schwer und widrig ist. Denn dort gewinnt der Mensch mehr und erwirbt sich reichlichere Gnade, wo er sich selbst mehr überwindet und im Geiste abtötet.

Aber nicht Alle haben gleich viel zu überwinden und abzutöten. Ein großer Eiferer jedoch wird tüchtiger im Fortschritt, auch wenn er mehr Leidenschaften hat, als ein anderer Wohlgesitteter, der minder eifrig auf die Tugenden ist.

Zweierlei hilft vorzüglich zu großer Besserung, nämlich: dem sich gewaltsam entziehen, wo die Natur sündlich sich hinneigt, und eifrig dem Guten nachstreben, dessen einer zumeist bedarf.

Auch sei bemüht, dich vor jenem mehr zu hüten und es zu überwinden, was dir an Anderen am häufigsten mißfällt.

Ergreif allenthalben, was deiner Besserung frommt, damit du zur Nachahmung entzündet wirst, wenn du gute Beispiele siehst oder hörest. Hast du aber etwas Tadelnswertes wahrgenommen, so hüte dich, dasselbe zu tun, oder wenn du es je getan, bemühe dich, alsbald dich zu bessern. Wie dein Auge Andere betrachtet, so wirst du wiederum von Anderen beurteilt.

O wie erfreulich und süß ist's, eifrige und andächtige Brüder von guter Sitte und Zucht zu sehen. Wie traurig und schwer ist's, solche zu sehen, die unordentlich wandeln, die das nicht üben, wozu sie berufen sind. Wie schädlich ist's, die Pflicht seines Berufes zu versäumen und den Sinn nach dem hinzuneigen, was uns nicht anbefohlen ist.

Sei eingedenk des gefaßten Vorsatzes, und stelle dir das Bild des Gekreuzigten vor. Und hast du das Bild Jesu Christi angeblickt, dann magst du dich wohl schämen, daß du noch nicht mehr beflissen warst, seinem Ebenbilde dich gleich zu machen, obgleich du dich schon lange auf dem Wege Gottes befindest. Ein Ordensmann, der sich ernstlich und andächtig in dem heiligsten Leben und Leiden des Herrn übt, wird darinnen Alles, was ihm nützlich und notdürftig ist, vollauf finden, und er hat nicht nötig, außer Jesus etwas Besseres zu suchen. O wenn Jesus der Gekreuzigte in unser Herz käme, wie bald und genügend gelehrt wären wir!

Ein eifriger Ordensmann erträgt und begreift Alles wohl, was ihm befohlen wird. Ein fahrlässiger und lauer Ordensmann hat Bedrängnis über Bedrängnis und leidet von allen Seiten Angst, weil er innerlicher Tröstung entbehrt und äußerliche zu suchen gehindert wird. Ein Ordensmann, der außer der Zucht lebt, ist schwerem Falle ausgesetzt. Wer ein minder eingeschränktes und ein ungebundenes Leben sucht, wird immer in Ängsten sein, weil ihm Eins oder das Andere mißfallen wird.

Aber wie machen es so viele andere Ordensleute, die sehr eingeschränkt sind unter klösterlicher Zucht? Sie gehen selten aus, leben abgeschieden, essen auf's ärmlichste, sind grob gekleidet, arbeiten viel, reden wenig, wachen lange, stehen frühe auf, verlängern die Gebete, lesen fleißig und behüten sich in aller Zucht. Betrachte die Karthäuser und Zisterzienser und die Mönche und die Klosterfrauen verschiedener Orden, wie sie jede Nacht Gott zu lobsingen sich erheben. Und darum wäre es schmählich für dich, wenn du in einem so heiligen Werke schläfrig und träg sein solltest, wo eine solche Schar von Ordensleuten zu Gott aufjubelt.

O! daß uns nichts Anderes obläge zu tun, als den Herrn, unsern Gott, aus vollem Herzen und Munde zu preisen. O! daß du nimmer das Bedürfnis hättest zu essen, noch zu trinken, noch zu schlafen, sondern immer Gott preisen und allein geistliche Bestrebungen hingeben könntest; dann wärest du viel glücklicher denn jetzt, wo du dem Leibe und was immer für einem Bedürfnisse dienest. Ach! daß doch diese Bedürfnisse nicht wären, sondern nur geistliche Erquikkungen der Seele, die wir leider gar selten verkosten.

Wenn der Mensch dahin gelangt ist, daß er von keiner Kreatur Trost sucht, dann erst beginnt er vollkommenen Geschmack an Gott zu gewinnen; dann wird er wohl zufrieden sein mit Allem was geschieht; dann wird ihn etwas Großes nicht berauschen, noch etwas Geringes betrüben; sondern er gründet sich ungeteilt und vertrauensvoll auf Gott, der ihm Alles in Allem ist, dem nichts vergeht noch stirbt, sondern dem Alles lebt und auf den Wink unverweilt dienet.

Gedenke allezeit des Endes und daß die verlorne Zeit nicht wiederkehrt. Ohne Sorgfalt und Ernst wirst du nie Tugenden erwerben. Beginnst du zu erkalten, dann beginnt es schlimm mit dir zu werden. Hast du dich aber dem Eifer hingegeben, so wirst du großen Frieden finden, und deine Mühe durch Gottes Gnade und durch die Liebe zur Tugend dich erleichtert fühlen. Ein eifriger und fleißiger Mensch ist zu Allem bereit. Eine größere Mühe ist's, seinen Beschwerden und Leidenschaften zu widerstehen, als über leiblichen Arbeiten zu schwitzen. Wer kleine Fehler nicht vermeidet, wird allgemach in größere fallen. Immer wirst du dich über den Abend freuen, wenn du den Tag fruchtbar verwendest. Wache immer über dich selbst, erwecke dich selbst und ermahne dich selbst, und was es auch bei Anderen sei, dich selbst versäume nicht; um so viel wirst du vollkommener, als du dir Gewalt angetan.

ZWEITES BUCH

ERMAHNUNGEN ZU EINEM INNEREN LEBEN

Das erste Kapitel

Vom innerlichen Leben

Das Reich Gottes ist in euch, spricht der Herr. Kehre dich aus ganzem Herzen zu dem Herrn, und verlaß diese elende Welt, so findet Ruhe deine Seele. Lerne Äußerliches verschmähen und dich dem Innerlichen hingeben, und du wirst das Reich Gottes in dich kommen sehen. Denn das eich Gottes ist Frieden und Freude im heiligen Geiste, was den Gottlosen nicht gegeben wird. Christus wird zu dir kommen, Seine Tröstung dir erzeigen, wenn du ihm inwendig eine würdige Wohnung bereitet hast. Alle seine Ehre und Zierde ist von innen, und dort hat er sein Wohlgefallen. Gar häufig sucht er einen innerlichen Menschen heim, gewährt ihm süßes Gespräch, gnadenreiche Tröstung, vielen Frieden und eine Vertraulichkeit gar wundersam.

Eia! getreue Seele, bereite diesem Bräutigam dein Herz, daß er dich begnade, zu dir zu kommen, um in dir zu wohnen. Denn also spricht der Herr: Wer mich lieb hat, wird meine Rede bewahren, und wir werden zu ihm kommen und eine Wohnung bei ihm machen. Gib also Christo Raum und weigere allen Anderen den Eingang. Denn so du Christus hast, bist du reich und er genügt dir. Er selbst wird dein Behüter und in Allem dein Helfer und getreuer Schaffner sein, so daß es dir nicht Not tut, auf Menschen zu hoffen. Denn Menschen wandeln sich bald und vergehen schnell, Christus aber bleibt ewig und steht festiglich dir bei bis an's Ende.

Keine große Hoffnung ist auf einen gebrechlichen und sterblichen Menschen zu setzen, ob er dir auch nützlich sei und lieb, noch ist darum viel Trauerns zu hegen, wenn er manchmal dir Feind ist und widerspricht.

Die heut mit dir sind, können morgen wider dich sein, und umgekehrt werden sie oft, wie der Wind, gewendet. Setze all dein Vertrauen auf den Herrn, und er sei deine Furcht und deine Liebe. Er wird für dich antworten und dir wohl tun, wie es zum Besten ist. Du hast hier keine bleibende Stätte, und wo du immer sein wirst, bist du ein Fremder und ein Pilger, und wirst nimmer Ruhe finden, du seiest denn Christo innerlich geeinet.

Was blickest du hier umher, da dieses nicht die Stätte deiner Ruhe ist? Bei den Himmlischen soll deine Wohnung sein, und alles Zeitliche ist wie im Vorübergehen anzuschauen. Alle Dinge vergehen, und du desgleichen mit ihnen. Siehe zu, daß du dich nicht verstrickest, auf daß du nicht gefangen werdest und untergehest. Bei dem Allerhöchsten sei dein Gedanke, und dein Gebet werde ohne Unterlaß zu Christus gesendet. Kannst du hohe und himmlische Dinge nicht erspähen, so ruhe in dem Leiden Christi, und wohne gern in seinen heiligen Wunden. Denn wenn du andächtig zu den Wunden und kostbaren Leidensmalen Christi deine Zuflucht nimmst, so wirst du großen Trost in Widerwärtigkeit empfinden und dich um die Verachtung der Menschen wenig kümmern, auch die Worte der Abschätzung leicht ertragen.

Jesus Christus, der Herr, war auch in der Welt verachtet von den Menschen, und ward in größter Not von seinen Freunden und Verwandten in der Schmach verlassen. Christus wollte leiden und verschmäht werden, und du wagst über etwas zu klagen? Christus hatte Feinde und Widersacher, und du willst alle Menschen zu Freunden und Guttätern haben? Worin wird deine Geduld gekrönt werden, wenn dir keine Widerwärtigkeit begegnet? Wenn du nichts Widriges leiden willst, wie wirst du ein Freund Christi sein? Dulde mit Christus und für Christus, wenn du herrschen willst mit Christus.

Wärest du einmal vollkommen eingegangen in Jesu Inneres und hättest ein wenig von seiner brennenden Liebe verkostet, so achtetest du weder deiner eigenen

Bequemlichkeit noch deines Ungemaches und freutest dich vielmehr der zugefügten Schmach, weil die Liebe Christi den Menschen sich selbst verschmähen macht. Ein Liebhaber Jesu und der Wahrheit, ein wahrer, innerlicher Mensch, der frei ist von ungeordneten Begierden, kann sich frei zu Gott kehren und sich über sich selbst erheben im Geiste und froh ruhen.

Wer Alles so ansieht wie es ist, und nicht wie es genannt und geschätzt wird, der ist wahrhaft weise und mehr von Gott als von den Menschen gelehrt. Wer von innen zu wandeln weiß und die Dinge von außen gering zu achten, der sucht nicht nach Orten noch erwartet er Zeiten, um fromme Übungen zu halten. Ein innerlicher Mensch ist bald gesammelt, weil er sich nie ganz an das Äußere ausgibt. Ihn hindert keine äußere Arbeit oder eine zur Zeit notwendige Verrichtung, sondern wie die Dinge kommen, so fügt er sich ihnen. Wer innerlich wohl bestellt und geordnet ist, achtet nicht der verkehrten und wunderlichen Taten der Menschen. So viel wird der Mensch gehindert und zerstreut, als er von den Dingen an sich heranzieht.

Stünde es wohl mit dir und wärest du recht gereinigt, so würde dir Alles zum Heile und Gedeihen gereichen. Darum mißfallen dir oft so viele Dinge und verwirren dich, weil du dir selbst noch nicht vollkommen abgestorben bist noch von allem Irdischen geschieden. Nichts verunreinigt und verstrickt also des

Menschen Herz, als die unlautere Liebe zu den Geschöpfen. Entschlägst du dich äußeres Trostes, so wirst du himmlische Dinge schauen und oft im Innern frohlocken können.

Das zweite Kapitel

Von demütiger Unterwerfung

Lege kein großes Gewicht darauf, wer für dich oder gegen dich ist, aber trachte und sorge dafür, daß Gott mit dir sei in jedem Dinge, das du verrichtest. Habe ein gut Gewissen, und Gott wird dich wohl beschirmen. Denn wem er beistehen will, dem kann keines Menschen Bosheit schaden. Verstehst du zu schweigen und zu leiden, so wirst du zweifelsohne des Herrn Hilfe sehen. Er kennt Zeit und Weise dich zu befreien, und darum sollst du dich Ihm anheim stellen. Es ist Gottes Sache, dir beizustehen und dich aus aller Drangsal zu befreien. Oft ist es sehr gut zur Bewahrung größerer Demut, daß Andere unsere Gebrechen kennen und sie rügen.

Wenn der Mensch für seine Gebrechen sich demütigt, dann begütigt er leicht die Anderen, und tut denen unschwer genug, die ihm zürnen. Den Demütigen beschirmt und erlöst Gott; den Demütigen liebt und tröstet er; zu den Demütigen neigt er sich; dem Demütigen spendet er große Gnade, und nach der Erniedrigung erhebt er ihn zur Glorie; dem Demütigen offenbart er seine Geheimnisse, und liebreich ziehet er ihn zu sich und lädt ihn ein; der Demütige, dem Schmach zu Teil geworden, steht wohl im Frieden; denn er steht in Gott und nicht in der Welt. Vermeine nicht, daß du irgend vorgeschritten, wenn du dich nicht minder als alle anderen fühlst.

Das dritte Kapitel

Von einem guten, friedfertigen Menschen

Halte dich zuerst im Frieden, und dann wirst du die Anderen friedsam machen können. Ein friedfertiger Mensch nützt mehr als ein hochgelehrter. Ein leidenschaftlicher Mensch kehrt auch das Gute zum Bösen und glaubt leicht das Böse; der gute, friedfertige Mensch kehrt Alles zum Guten. Wer recht im Frieden steht, hat auf Niemand Argwohn. Wer aber übel zufrieden ist und aufgeregt, wird von mancherlei Argwohn bewegt; er ist selbst unruhig, und läßt Andere nicht ruhen. Er spricht oft, was er nicht sprechen sollte, und unterläßt oft, was ihm heilsamer wäre zu tun. Er denkt daran, was die Anderen gehalten sind zu tun, und versäumt das, wozu er selbst gehalten ist. Ereifere darum zuerst über dich selbst, dann magst du auch mit Recht über deinen Nächsten dich ereifern.

Du verstehst gut deine Handlungen zu entschuldigen und zu beschönigen, und willst von Anderen keine Entschuldigung annehmen. Gerechter wäre es, wenn du dich beschuldigtest und deinen Bruder entschuldigtest. Willst du ertragen sein, so ertrage auch den Anderen. Siehe, wie fern du noch bist von rechter Liebe und Demut, die wider Niemanden zürnen oder unwillig sein kann, außer allein wider sich. Es ist nichts Großes, mit Guten und Sanftmütigen umzugehen; denn das gefällt Allen gut von Natur, und ein Jeder hat gern Frieden und liebt mehr die, die mit ihm einer Gesinnung sind. Aber mit den Harten und Verkehrten oder den Zuchtvergessenen und uns Widerwärtigen friedlich leben können, das ist eine große Gnade und sehr löblich und ein männlich Werk.

Es gibt jedoch Menschen, die sich im Frieden bewahren und mit Anderen Frieden halten; und es gibt Andere, die weder Frieden haben, noch Andere in Frieden lassen; Anderen sind sie beschwerlich, aber sich selbst noch beschwerlicher. Es gibt auch Andere, die sich im Frieden bewahren und Andere zum Frieden zurückzuführen suchen.

Unser ganzer Friede ist jedoch in diesem elenden Leben vielmehr auf ein demütig Erdulden, als Nichtempfinden der Widerwärtigkeit zu gründen. Wer besser zu leiden versteht, wird größeren Frieden bewahren. Er ist ein Überwinder seiner selbst und ein Herr der Welt, ein Freund Christi und ein Erbe des Himmels.

Das vierte Kapitel

Von dem lauteren Gemüt und der schlichten Absicht

Auf zweien Flügeln wird der Mensch über das Irdische erhoben, durch Einfalt und Lauterkeit. Die Einfalt soll der Absicht innewohnen, die Lauterkeit der Begierde. Einfalt ist auf Gott gerichtet, Lauterkeit erfaßt und genießt ihn. Keine Arbeit wird dich hindern, wenn du in dir ledig bist von aller ungeordneten Begierde. Wenn du nichts Anderes als Gottes Wohlgefallen und des Nächsten Nutzen beabsichtigst und suchst, so wirst du innerliche Freiheit genießen. Wäre dein Herz aufrichtig, dann wäre dir jede Kreatur ein Spiegel des Lebens und ein Buch heilsamer Lehre. Es ist keine Kreatur so klein und gering, die Gottes Gütigkeit nicht vergegenwärtigte.

Wärest du innerlich gut und rein, dann sähest du Alles ohne Hindernis und würdest es wohl erfassen. Ein reines Herz durchdringt Himmel und Hölle. Wie jeglicher in sich ist, so urteilt er äußerlich. Gibt es eine Lust in der Welt, so besitzt sie sicherlich ein Mensch von reinem Herzen. Und ist irgendwo Trübsal und Angst, so kennt sie ein böses Gewissen am besten. Wie das Eisen im Feuer den Rost verliert und ganz glühend wird, also wird ein Mensch, der sich ungeteilt zu Gott hinkehrt, seiner Schlaffheit ledig und in einen neuen Menschen umgewandelt.

Wenn der Mensch lau zu werden beginnt, so fürchtet er schon eine kleine Arbeit und nimmt gern äußerlichen Trost an. Wenn er aber anfängt sich selbst vollkommen zu überwinden und männlich auf dem Pfade Gottes zu wandeln, dann achtet er das gering, was er früher schwer empfand.

Das fünfte Kapitel

Von der Selbstbetrachtung

Wir dürfen uns selbst nicht allzu sehr glauben, weil uns oft die Gnade und die Einsicht abgeht; ein geringes Licht ist in uns, und das verlieren wir leicht durch Nachlässigkeit. Oft auch nehmen wir gar nicht wahr, daß wir innerlich so blind sind. Oft handeln wir bös, und entschuldigen es, was noch schlimmer ist. Manchmal werden wir auch von den Leidenschaften bewegt, und halten das für Eifer. Kleines tadeln wir an Anderen, und übersehen das Größere an uns. Schnell genug empfinden und wägen wir das ab, was wir von Anderen leiden, wie viel aber Andere von uns leiden, darauf achten wir nicht. Würde einer das Seine wohl und recht abwägen, dann hätte er keinen Grund, hart über Andere zu urteilen.

Ein innerlicher Mensch setzt die Sorge um sein selbst allen andern Sorgen vor, und wer selbst ernstlich auf sich merket, schweigt gern von Anderen. Du wirst nie ein innerlicher und andächtiger Mensch, wenn du nicht von den Anderen schweigst und auf dich selbst insbesondere Acht gibst. Wenn du gänzlich auf dich und Gott gerichtet bist, so wird dich wenig rühren, was du außen wahrnimmst. Wo bist du, wenn du bei dir selbst nicht zugegen bist? Und hast du Alles durchgemacht, was hast du gewonnen, wenn du dich selbst versäumt hast? Willst du Frieden und wahre Einigkeit haben, dann tut es not, daß du Alles zurücksetzest und dich allein im Auge hast.

Du wirst sehr voranschreiten, wenn du dich frei von aller zeitlichen Übersorge bewahrst. Gar sehr wirst du zurückschreiten, wenn du etwas Zeitliches zu hochschätzest. Nichts sei dir hoch, nichts groß, nichts wert, nichts angenehm, außer Gott allein oder was von Gott ist. Alles achte für eitel, was dir Trostes wird von einer Kreatur. Die Gott liebende Seele verschmäht Alles, was unter Gott ist. Der ewige, unermeßliche, Alles erfüllende Gott allein ist der Trost der Seele und des Herzens wahre Freude.

Das sechste Kapitel

Von der Freude eines guten Gewissens

Der Ruhm eines guten Menschen ist das Zeugnis eines guten Gewissens. Habe ein gut Gewissen, so hast du allezeit Freude. Ein gut Gewissen kann gar viel tragen, und ist sehr fröhlich in Widerwärtigkeiten. Ein bös Gewissen ist allezeit furchtsam und unruhig. Süß wirst du ruhen, wenn dein Herz dich nicht beschuldigt. Wolle dich nur freuen, wenn du Gutes getan. Die Bösen haben nimmer wahre Freude und empfinden auch keinen innern Frieden; denn für die Gottlosen ist kein Friede, spricht der Herr. Und sprächen sie: wir sind im Frieden, es kommt kein Übel über uns, und wer wird uns zu schaden wagen? so glaube ihnen nicht; denn erheben wird sich jählings der Zorn Gottes und ihre Werke werden zunichte werden, und ihre Anschläge vergehen.

In Trübsalen zu frohlocken ist dem Liebenden nicht schwer; denn solch Frohlocken ist Frohlocken im Kreuze des Herrn. Kurz ist die Ehre, die von Menschen gegeben und genommen wird. Traurigkeit begleitet allezeit der Welt Herrlichkeit. Der Guten Freude ist in ihrem Gewissen und nicht im Munde der Menschen. Der Gerechten Freude ist von Gott und in Gott, und ihre Lust kommt von der Wahrheit. Wer ewige und wahre Glorie begehrt, der achtet der zeitlichen nicht; und wer die zeitliche sucht oder sie nicht von ganzem Gemüte verschmäht, von dem ist erwiesen, daß er die himmlische minder liebt. Der hat große Ruhe des Herzens, den weder Lob noch Tadel kümmert.

Leicht wird vergnügt und zufrieden sein, wessen Gewissen rein ist. Du bist nicht heiliger, wenn du gelobt wirst, noch geringer, wenn du geschmäht wirst. Was du bist, das bist du und kannst nicht größer sein, als du vor Gottes Zeugnis bist. Achtest du darauf, was du bei dir innerlich bist, so wird es dich nicht kümmern, was die Menschen von dir sprechen. Der Mensch sieht in das Gesicht, Gott aber in das Herz. Der Mensch betrachtet die Werke, Gott aber erwägt die Absicht. Allezeit recht handeln und wenig von sich halten, ist Zeichen einer demütigen Seele; von keiner Kreatur Trost annehmen wollen, ist ein Zeichen großer Reinheit und innerlicher Zuversicht.

Wer kein Zeugnis von außen für sich sucht, hat sich offenbar Gott ganz anheimgegeben. Denn: nicht wer sich selbst lobt, ist bewährt, sagt St. Paulus, sondern wen Gott lobt. Mit Gott innerlich wandeln und von seiner Begierde von außen gefangen sein, ist der Stand eines innerlichen Menschen.

Das siebente Kapitel

Jesus über Alles lieben

Selig, wer da weiß, was es sei, Jesus lieben und sich selbst verschmähen um Jesu willen. Man muß das Geliebte um des Geliebten willen lassen, weil Jesus allein über Alles will geliebt sein. Die Liebe der Kreatur ist betrüglich und unstet, die Liebe Jesu ist getreu und beständig.

Wer an der Kreatur haftet, fällt mit der fallenden, wer Jesus umfängt, wird in Ewigkeit gefestigt werden. Ihn sollst du lieb haben und ihn dir zum Freund bewahren, der, wenn Alle von dir scheiden, dich nicht verläßt noch leidet, daß du am Ende zu Grunde gehst. – Von Allen mußt du einst dich scheiden, du magst wollen oder nicht.

Halte dich lebend und sterbend zu Jesu, und vertraue dich der Treue dessen, der, wenn Alle weichen, dir allein helfen kann. Dein Geliebter ist solcher Natur, daß er keinen Fremden zulassen will. Er will dein Herz allein haben, und wie ein König auf seinem eigenen Throne sitzen. Könntest du dich von allen Kreaturen scheiden, Jesus wollte gern bei dir wohnen. Du wirst schier Alles verloren finden, was du ohne Jesus auf die Menschen setzest. Traue nicht, noch stütze dich auf ein luftig Rohr, weil alles Fleisch wie Heu ist und alle seine Herrlichkeit wie die Blüte des Heues fallen wird.

Du bist bald betrogen, wenn du nur auf die äußere Erscheinung der Menschen blickest. Denn wenn du bei Anderen deinen Trost und Gewinn suchst, so wirst du zum öfteren Schaden empfinden. Suchst du in allen Dingen Jesus, so wirst du Jesus sicherlich in allen finden. Suchst du jedoch dich selbst, so findest du auch nur dich selbst, aber zu deinem Verderben. Denn ein Mensch, der Jesus nicht sucht, schadet sich selber mehr, als die ganze Welt und alle seine Feinde schaden können.

Das achte Kapitel

Von der trauten Freundschaft mit Jesus

Wenn Jesus zugegen ist, dann ist Alles gut und nichts scheint schwierig. Ist aber Jesus nicht zugegen, dann ist Alles schwer. Wenn Jesus nicht innerlich spricht, ist der Trost gering. Wenn aber Jesus nur ein Wort spricht, wird großer Trost empfunden. Stand nicht Maria Magdalena alsogleich auf von der Stätte, wo sie weinte, als Martha ihr sagte: der Meister ist da und ruft dich? Selig die Stunde, wenn Jesus dich von den Tränen zur Freude des Geistes ruft. Wie bist du dürr und hart ohne Jesus, wie unweise und eitel, wenn du etwas begehrst außer Jesu! Ist dieses nicht ein größerer Schaden, als wenn du die ganze Welt verlörest?

Was mag die Welt dir verleihen ohne Jesus? Ohne Jesus sein ist eine schwere Hölle, und bei Jesu sein ein süßes Paradies. Wenn Jesus bei dir ist, so kann kein Feind dir schaden. Wer Jesus gefunden, hat einen guten Schatz gefunden, ja ein Gut über alle Güter. Und wer Jesus verloren, hat allzu viel verloren, und mehr als die ganze Welt. Der ist der Ärmste, der ohne Jesus lebt; der ist der Reichste, der gut mit Jesus steht.

Eine große Kunst ist's, zu wissen mit Jesus umzugehen; und Jesus bei sich behalten können, ist große Klugheit. Sei demütig und friedfertig und Jesus wird mit dir sein. Sei andächtig und ruhig, und Jesus wird bei dir verbleiben. Du kannst ihn bald verscheuchen und seine Gnade verlieren, wenn du dich zum Äußerlichen ablenken willst. Und wenn du ihn verscheucht und verloren hast, zu wem willst du dann fliehen, und welchen Freund suchen? Ohne Freund kannst du nicht wohl leben; und wenn Jesus nicht vor Allen dein Freund ist, so wirst du übertraurig und trostlos sein. Töricht also handelst du, wenn du auf einen Andern vertrauest oder an ihm dich erfreuest. Lieber soll man die ganze Welt zum Feinde sich erwählen, als Jesus beleidigen. Von allen lieben Freunden soll dir nur Jesus der besonders geliebte sein.

Alle Menschen soll man lieben um Jesu willen, Jesus aber um seiner selbst willen. Jesus Christus allein soll besonders geliebt werden, der allein gut und getreu erfunden wird vor allen Freunden. Um seinetwillen und in ihm sollen dir so Freunde als Feinde lieb sein, und zu ihm soll man für sie alle beten, daß ihn alle erkennen und lieben. Niemals sollst du begehren, insbesondere gelobt oder geliebt zu werden, weil dies einzig Gott zusteht, der seines Gleichen nicht hat. Wolle auch nicht, daß Jemand in seinem Herzen von dir eingenommen werde, noch du von irgend einer Liebe eingenommen werdest, sondern Jesus sei in dir und jeglichem guten Menschen.

Sei innerlich rein und frei und mit keiner Kreatur verstrickt. Denn du mußt entblößt sein und ein reines Herz zu Gott tragen, willst du frei sein und sehen, wie süß der Herr ist. Und in Wahrheit, dahin wirst du nicht gelangen, es sei denn seine Gnade dir zuvorgekommen und habe dich hinangezogen, damit du so, nachdem du Alles von dir abgetan und entlassen, einzig mit Gott geeint werdest. Denn wenn die Gnade Gottes zu dem Menschen kommt, dann wird er tüchtig zu Allem, und wenn sie scheidet, dann wird er arm und schwach, und gleichsam nur für Geißelstreiche noch zurückgelassen. Inzwischen soll der Mensch nicht niedergeschlagen werden noch verzweifeln, sondern zum Willen Gottes gleichmütig stehen und alles über ihn Kommende zum Lobe Jesu Christi erleiden; denn auf den Winter folgt der Sommer, und nach der Nacht kehrt der Tag wieder und nach dem Ungewitter große Heiterkeit.

Das neunte Kapitel

Von der Entbehrung allen Trostes

Es ist nicht schwer, menschlichen Trost verschmähen, wenn göttlicher zugegen ist. Groß ist's und sehr groß, so menschlichen als göttlichen Trostes entbehren können, und Gott zu lieb gern des Herzens Elend ertragen wollen, und in nichts sich selbst suchen noch auf sein eigen Verdienst hinblicken. Was ist's Großes, wenn du heiter bist und andächtig, so dir die Gnade naht? Erwünscht ist Allen diese Stunde. Gar sanft fährt, wen die Gnade Gottes trägt. Und was Wunder, wenn der die Bürde nicht fühlt, der getragen wird von dem Allmächtigen und geführt von dem obersten Führer!

Gern haben wir etwas zum Trost, und mühsam wird der Mensch seiner selbst entkleidet. Sankt Laurentius, der Märtyrer, überwand die Welt mit Hilfe des Priesters, weil er Alles, was in der Welt ergötzlich schien, verschmähte und sogar den obersten Priester Gottes, Sixtus, den er zumeist liebte, geduldig um Christi willen von sich hinwegreißen ließ. Durch die Liebe zum Schöpfer also überwand er die Liebe zum Menschen, und statt menschlichen Trostes erwählte er lieber göttliches Wohlgefallen. Also lerne auch du einen Verwandten oder lieben Freund um der Liebe Gottes willen verlassen, und nimm es nicht schwer, wenn du vom Freunde verlassen bist, wohl wissend, daß wir alle zuletzt von einander scheiden müssen.

Viel und lange muß der Mensch in sich selbst streiten, bevor er sich selbst völlig überwinden und all seine Begier völlig auf Gott beziehen lernt. Wenn der Mensch nur auf sich selbst steht, sinkt er leicht hinab zu menschlichen Tröstungen; ein wahrer Liebhaber Christi aber und eifriger Nachfolger der Tugenden verfällt nicht auf solche Tröstungen und sucht auch dergleichen sinnliche Süßigkeiten nicht, sondern vielmehr starke Übungen und harte Arbeiten für Christus zu erdulden.

Wenn dir also geistliche Tröstung von Gott gegeben wird, dann empfange sie mit Dank und erkenne, daß es Gottes Gabe ist und nicht dein Verdienst.

Wolle dich nicht überheben, wolle dich nicht zu viel freuen noch dich eitel vermessen, sondern sei desto demütiger der Gabe wegen und um so behutsamer und gottesfürchtiger in allen deinen Werken, weil jene Stunden vorübergehen und die Versuchung folgen wird. Wenn der Trost genommen wird, so verzage nicht alsobald und erwarte in Geduld die himmlische Heimsuchung, weil Gott es wohl vermag, dir reicheren Trost zurückzugeben. Dies ist denen nicht neu noch fremd, die den Weg Gottes erfahren haben; denn in großen Heiligen und alten Propheten war oft solche Weise des Wechsels.

Darum sagte einer in Gegenwart der Gnade: »*Ich sprach in meinem Überflusse: ich werde nicht wanken in Ewigkeit!*« Was er aber in Abwesenheit der Gnade in sich erfahren, davon spricht er hinzusetzend: „*Du hast abgewendet dein Angesicht von mir und ich bin verwirrt worden.*" Inzwischen verzweifelt er jedoch in keiner Weise, sondern bittet den Herrn noch inständiger und spricht: „*Zu Dir, Herr! will ich rufen und zu meinem Gott flehen.*" Endlich trägt er seines Gebetes Frucht davon und bezeugt, er sei erhört, und spricht: „*Der Herr hat mich gehört und sich meiner erbarmet; der Herr ist mein Helfer geworden!*" Aber worin? „*Du hast mir*", spricht er, „*mein Wehklagen in Lust verwandelt und mich umgeben mit Fröhlichkeit.*" Wenn es großen Heiligen also ergangen ist, sollen wir Kranke und Arme nicht verzagen, wenn wir zuweilen im Eifer und zuweilen erkaltet sind; denn der Geist kommt und geht nach seines Willens Wohlgefallen; weswegen der gottselige Job spricht: *„Du suchest ihn heim am Morgen und unversehens prüfest du ihn."*

Worauf also kann ich hoffen, oder worauf soll ich vertrauen, wenn nicht allein auf die große Barmherzigkeit Gottes und die alleinige Hoffnung himmlischer Gnade? Denn ob mir auch gute Menschen nahe sind, oder andächtige Brüder und getreue Freunde, oder heilige Bücher oder schöne Abhandlungen, oder süße Gesänge und Hymnen: so hilft dies alles doch wenig und hat geringen Geschmack, wenn ich von der Gnade verlassen und eigener Armut überlassen bin. Dann ist keine bessere Arznei, als Geduld und Ergebung in den Willen Gottes.

Niemals fand ich einen so gottseligen und andächtigen Menschen, der nicht zuweilen die Entziehung der Gnade erlitten oder Minderung des Eifers empfunden hätte. Kein Heiliger ward so hoch verzückt oder erleuchtet, ohne daß er vorher oder nachher wäre versucht worden. Denn der nicht würdig ist die hohen Dinge Gottes zu schauen, wer für Gott nicht geprüft worden ist in irgend einer Trübsal. Es pflegt nämlich der folgenden Tröstung die Versuchung ein vorangehend Zeichen zu sein. Denn jenen, die in Versuchung bewährt worden, wird himmlischer Trost verheißen. Wer gesiegt hat, spricht Er, dem werde Ich geben zu essen von dem Baume des Lebens.

Der göttliche Trost wird aber gegeben, damit der

Mensch tüchtiger sei, Widerwärtigkeiten zu leiden; auch folgt die Versuchung, damit der Mensch sich nicht wegen des Guten überhebe. Der Teufel schläft nicht und das Fleisch ist noch nicht erstorben. Darum laß nicht ab, dich zu dem Streite zu bereiten, weil zur Rechten und Linken Feinde sind, die nimmermehr ruhen.

Das zehnte Kapitel

Von der Dankbarkeit für Gottes Gnade

Warum suchst du Ruhe, da du geboren bist zur Arbeit? Bereite dich mehr zum Dulden als zu Tröstungen, und mehr zur Kreuztragung als zur Fröhlichkeit. Welcher Weltliche empfinge nicht gern Trost und geistliche Fröhlichkeit, wenn er sie allezeit gewinnen könnte? Denn geistliche Tröstungen übertreffen alle Wonnen der Welt und Lüste des Fleisches; alle weltlichen Lüste sind entweder eitel oder schändlich. Geistliche Wonnen aber sind allein fröhlich und ehrbar, aus Tugenden geboren und von Gott den reinen Seelen eingegossen. Niemand jedoch kann diese göttlichen Tröstungen immer nach seiner Begierde genießen, weil die Zeit der Versuchung nicht ausbleibt.

Falsche Freiheit des Gemütes und ein großes Selbstvertrauen widerstrebt gar sehr der Heimsuchung von oben. Gott tut wohl, wenn er die Gnade der Tröstung verleiht; der Mensch aber tut übel, wenn er nicht Gott alles mit Danksagung zurückerstattet. Und darum können die Gaben der Gnade nicht in uns fließen, weil wir gegen den Urheber undankbar sind und sie nicht ganz in den Urquell zurückfließen lassen. Denn allezeit gebührt Gnade dem, der würdigen Dank zurückerstattet, und einem Hoffärtigen wird genommen werden, was einem Demütigen gegeben zu werden pflegt.

Ich will keinen Trost, welcher mir die Zerknirschung nimmt, noch begehre ich einer beschaulichen Betrachtung, die mich zur Hoffahrt führt. Denn nicht alles Hohe ist heilig, noch alles Süße gut, noch alles Verlangen rein, noch alles Liebe Gott angenehm. Gern empfange ich eine Gnade, durch die ich immer demütiger und behutsamer befunden und bereitwilliger werde, mich selbst zu verlassen. Wer durch die Gabe der Gnade gelehrt und durch die Geißel ihrer Entziehung unterwiesen worden ist, der wird nicht wagen, sich selbst etwas Gutes beizumessen, sondern er bekennt sich vielmehr arm und bloß. Gib Gott, was Gottes ist, und dir schreibe zu, was dein ist. Das heißt: gib Gott den Dank für die Gnade, dir allein aber die Schuld und bedenke, daß eine der Schuld würdige Strafe dir gebühre.

Mache dich stets gefaßt auf das Niedrigste, so wird dir gegeben werden das Höchste: denn das Höchste besteht nicht ohne das Niedrigste. Die höchsten Heiligen vor Gott sind die mindesten vor sich, und je glorreicher, um so demütiger sind sie selbst. Da sie voll Wahrheit und himmlischer Herrlichkeit, sind sie nach eitlem Ruhm nicht gierig. In Gott gegründet und gefestet, können sie in keiner Weise hochmütig sein; und die Gott Alles zuschreiben, was sie irgend Gutes empfangen haben, suchen keine Ehre von einander; sondern die Ehre, die von Gott allein ist, wollen sie, und begehren vor allem, daß Gott in ihnen und allen Heiligen gepriesen werde, und danach auch zielen sie beständig.

Sei darum dankbar für das Mindeste und du wirst würdig sein, Größeres zu empfangen. Es gelte dir selbst das Mindeste gleich dem Größten, und das Verächtlichere gleich einer besonderen Gabe. Wird des Gebers Würde angesehen, so wird keine Gabe klein oder allzu gering erscheinen. Denn nicht klein ist, was von dem höchsten Gott geschenkt wird. Auch wenn er Strafen und Züchtigungen geben sollte, soll es uns angenehm sein, weil er allezeit zu unserm Heile tut, was er immer über uns kommen läßt. Wer Gottes Gnade zu bewahren verlangt, sei dankbar für die verliehene Gnade, geduldig für die entzogene; er bete, daß sie wiederkehre, er sei behutsam und demütig, daß er sie nicht verliere.

Das elfte Kapitel

Von der kleinen Zahl der Liebhaber des Kreuzes Jesu

Jesus hat jetzt viele Liebhaber seines himmlischen Reiches, aber wenige Träger seines Kreuzes. Viele hat er, die Trost, aber Wenige, die Trübsal begehren. Tischgenossen findet er manche, aber wenige der Enthaltsamkeit. Alle wollen mit Ihm sich erfreuen, aber Wenige wollen etwas für Ihn leiden. Viele folgen Jesu bis zum Brechen des Brotes, aber Wenige bis zum Trinken des Leidenskelches. Viele verehren seine Wunder, aber Wenige folgen der Schmach des Kreuzes. Viele haben Jesum lieb, so lange nichts Widerwärtiges sich ergibt. Viele loben und preisen Ihn, so lange sie einige Tröstungen von Ihm empfangen; wenn aber Jesus sich verbirgt und über ein Kleines sie verläßt, fallen sie in Wehklagen oder übergroße Niedergeschlagenheit.

Die aber Jesus nicht um irgend eines selbsteigenen Trostes willen lieben, die lieben und benedeien Ihn in aller Betrübnis und Angst des Herzens, gleichwie im höchsten Troste. Und wenn Er ihnen nie Trost geben wollte, dennoch würden sie Ihn immer preisen und Ihm immer Dank sagen wollen.

O, wie viel vermag die lautere Liebe Jesu, die mit keinerlei Eigennutz oder Eigenliebe vermischt ist! Sind *die* nicht alle Mietlinge zu nennen, die allezeit Tröstungen suchen? Erweisen sie sich nicht mehr als

Liebhaber ihrer selbst, denn Christi, die immer nur ihres eigenen Nutzens und Gewinnes gedenken? Wo findet sich ein solcher, der Gott umsonst dienen will?

Selten wird einer so geistlich befunden, daß er von Allem entblößt wäre. Denn einen wahren Armen im Geiste, einen von aller Kreatur Entblößten, wer wird den finden? Fern und an den äußersten Grenzen ist er um hohen Preis zu suchen. Wenn ein Mensch all sein Gut hingibt, so ist es noch nichts; und tut er große Buße, so ist es doch ein Geringes, und begreift er alle Wissenschaft, so ist er doch noch weit weg; und hat er große Tugend und eine überaus feurige Andacht, so gebricht ihm noch viel: Eins nämlich, das ihm zumeist Not tut. – Was ist das? – Daß er noch sich selbst verlasse, nachdem er Alles verlassen, und von sich gänzlich abgehe und nichts behalte von eigener Liebe. Wenn er Alles getan hat, was er tun soll nach seinem Wissen, so halte er dafür, daß er nichts getan.

Er achte nicht das hoch, was als Großes geachtet werden kann, sondern er erkläre sich in Wahrheit für einen unnützen Knecht, wie die „Wahrheit" spricht: *So ihr Alles getan, was euch geboten ist, so sprechet: wir sind unnütze Knechte.* Dann wird er wahrhaft arm und nackt im Geiste sein können und mit dem Propheten sprechen: *Einsam und arm bin ich.* Niemand jedoch ist reicher, Niemand mächtiger, Niemand freier denn der, welcher sich und Alles zu verlassen und zu dem Niedrigsten sich bereit zu halten weiß.

94

Das zwölfte Kapitel

Von dem königlichen Wege des heiligen Kreuzes

Hart scheint Vielen diese Rede: *Verleugne dich selbst, nimm dein Kreuz und folge Jesu.* Aber viel härter wird es sein, jenes letzte Wort zu hören: *Weichet von mir, ihr Verfluchten, in das ewige Feuer!* Denn die jetzt das Wort des Kreuzes willig hören und befolgen, werden dann nicht fürchten, den Spruch ewiger Verdammnis zu hören. Dies Zeichen des Kreuzes wird am Himmel sein, wenn der Herr zu richten kommen wird. Dann werden alle Knechte des Kreuzes, die sich dem Gekreuzigten im Leben gleichförmig gemacht, zu Christus, dem Richter, hinzutreten mit großer Zuversicht.

Was also fürchtest du dich das Kreuz aufzuheben, durch das der Weg zur Herrschaft geht? Im Kreuze ist Heil, im Kreuze das Leben, im Kreuze Schutz vor den Feinden, im Kreuze Eingießung höherer Süßigkeit, im Kreuze Stärke des Gemütes, im Kreuze Fröhlichkeit des Geistes, im Kreuze höchste Tugend, im Kreuze Vollendung der Heiligkeit. Es ist kein Heil der Seele, keine Hoffnung des ewigen Lebens, außer im Kreuze. Darum hebe auf dein Kreuz und folge Jesu nach, und du wirst in das ewige Leben eingehen. Er ist vorangeschritten, sein Kreuz tragend, und ist gestorben für dich am Kreuze, damit auch du dein Kreuz tragest und zu sterben begehrest an dem

Kreuze. Denn bist du mit ihm gestorben am Kreuze, so wirst du auch desgleichen mit ihm leben; bist du der Genosse seiner Pein gewesen, so wirst du auch der Genosse seiner Glorie sein.

Siehe, auf das Kreuz gründet sich Alles, und auf dem Sterben ruht Alles, und es ist kein anderer Weg zum Leben und zum wahren innerlichen Frieden, als der Weg des heiligen Kreuzes und täglicher Abtötung. Gehe wohin du willst, suche was immer du willst, so findest du keinen höheren Weg oben noch einen sicherern unten, als den Weg des heiligen Kreuzes. Bestelle und ordne Alles nach deinem Willen und deiner Einsicht: so findest du nichts, als daß immerdar etwas zu leiden ist, sei es willig oder unwillig, und also findest du immer das Kreuz. Denn du wirst entweder Schmerz am Leibe empfinden oder in der Seele Bekümmernis des Geistes erdulden.

Zuweilen wirst du von Gott verlassen, zuweilen von dem Nächsten abgemüht werden, und was mehr ist, oft wirst du dir selbst beschwerlich sein. Und doch magst du durch keine Arznei oder Trost befreit oder erleichtert werden, sondern du mußt ertragen, so lange Gott will. Denn Gott will, daß du Drangsal ohne Trost leiden lernest und dich ihm ganz unterwerfest und demütiger durch die Drangsal werdest. Niemand fühlt das Leiden Christi so herzlich als der, dem das Gleiche zu leiden begegnet. Das Kreuz ist also immer bereit und wartet dein allenthalben. Du kannst ihm nicht entfliehen, wohin du auch entrinnst: denn wo du immer hinkommst, bringst du dich selbst mit und allezeit wirst du dich selbst finden. Kehre dich aufwärts, kehre dich abwärts, kehre dich auswärts und kehre dich einwärts, in dem allen wirst du das Kreuz finden, und es tut Not, daß du überall die Geduld bewahrest, wenn du innerlichen Frieden haben und die ewige Krone verdienen willst.

Trägst du das Kreuz willig, so wird es dich tragen und dich geleiten zu dem gewünschten Ende, wo nämlich das Ende des Leidens sein wird. Trägst du es unwillig, so machst du dir eine Bürde und beschwerst dich um so mehr, und, dennoch mußt du es tragen. Wirfst du ein Kreuz ab, so wirst du zweifelsohne ein anderes finden und vielleicht ein schwereres.

Vermeinst du dem zu entrinnen, dem kein sterblicher Mensch entgehen konnte? Welcher Heilige war in der Welt ohne Kreuz und Drangsal? Ja, unser Herr Jesus Christus selbst war keine Stunde ohne den Schmerz des Leidens, so lange er lebte. Es mußte aber, spricht er, Christus leiden und auferstehen von den Toten, und also eingehen in seine Glorie. Und was suchst du einen andern Weg als diesen königlichen, der der Weg ist des heiligen Kreuzes? Das ganze Leben Christi war Kreuz und Marter, und du suchst dir Ruhe und Freude? Du irrst, du irrst, wenn du etwas Anderes suchst als Drangsal zu leiden, weil dieses ganze sterbliche Leben des Jammers voll ist und rings bezeichnet mit Kreuzen. Und je höher einer im Geiste vorgeschritten, um so schwerere Kreuze findet er oft, weil die Pein seiner Verbannung durch die Liebe immer mehr wächst.

Dennoch aber ist der also vielfältig Geschlagene nicht ohne Erleichterung des Trostes, weil er empfindet, wie große Frucht ihm aus der Erduldung des Kreuzes aufsprießt. Denn da er sich ihm willig unterwirft, kehrt sich die ganze Last der Drangsal in die Zuversicht göttlicher Tröstung. Und je mehr das Fleisch durch Drangsal aufgerieben, um so reichlicher wird der Geist durch innerliche Tröstung gestärkt. Und manchmal wird er so sehr durch die Begierde gekräftigt, die er nach Drangsal und Widerwärtigkeit aus Liebe zu der Gleichförmigkeit des Kreuzes Christi empfindet, daß er nicht ohne Schmerz und Drangsal sein möchte, weil er glaubt, daß er Gott um so viel angenehmer sei, je Mehreres und je Schwereres er für ihn wird ertragen können. Das ist nicht die Kraft des Menschen, sondern die Gnade Christi, die in dem hinfälligen Fleische so viel vermag und wirkt, daß er das, was er von Natur verabscheut und flieht, mit des Geistes heißem Eifer angreift und liebt.

Es ist nicht nach des Menschen Natur das Kreuz zu tragen, das Kreuz zu lieben, den Leib zu züchtigen und sich der Knechtschaft zu unterwerfen, Ehren zu fliehen, willig Schmach zu ertragen, sich selbst zu verachten und wünschen verachtet zu werden, alle Widerwärtigkeit mit Schaden zu leiden und keines Glückes in der Welt zu begehren. Wenn du auf dich selbst blickest, wirst du nichts hiervon aus dir vermögen. Aber wenn du auf den Herrn vertraust, so wird die Kraft gegeben werden vom Himmel, und deiner Herrschaft wird die Welt und das Fleisch unterworfen werden; aber auch den Teufel wirst du nicht fürchten, bist du doch mit dem Glauben gewappnet und mit dem Kreuze Christi bezeichnet.

Darum mache dich gefaßt, als Christi getreuer und guter Knecht männlich zu tragen das Kreuz deines Herrn, der aus Liebe für dich gekreuziget worden. Bereite dich, viel Widerwärtigkeit zu leiden und mancherlei Ungemach in diesem elenden Leben; denn so wird es mit dir stehen, allenthalben, wo du auch seist, und so wirst du es finden, wo du dich auch verbirgst. Es muß so sein und es gibt kein Mittel dem Bedrängen des Bösen und dem Schmerze zu entrinnen, als zu leiden. Den Kelch des Herrn trinke mit Begierde, wenn du sein Freund sein und an ihm Teil haben willst. Die Tröstungen empfiehl Gott, der selbst es damit halte, wie es ihm wohlgefällt. Du aber mache dich gefaßt, Drangsale zu leiden, und schätze sie für die größten Tröstungen, weil die Leiden dieser Zeit nicht würdig sind, um damit die ewige Glorie, welche in uns wird offenbar werden, zu verdienen, wenn du sie auch alle erdulden könntest.

Wenn du dahingekommen, daß dir die Drangsal süß und wohlschmeckend um Christi willen sein wird: dann glaube, daß es wohl mit dir steht; denn du hast das Paradies auf Erden gefunden. So lange dir

Leiden beschwerlich ist und du zu entfliehen suchst, so lange ist dir wehe, und überall folgen dir die geflohenen Drangsale nach.

Bist du zu dem bereit, wozu du sollst, nämlich zu leiden und abzusterben, so wird es bald besser und du wirst den Frieden finden. Und würdest du auch verzückt in den dritten Himmel mit St. Paulus: du wärest darum nicht gesichert, daß du kein Übel zu leiden hättest. *Ich,* spricht Jesus, *werde ihm zeigen, wie viel er leiden muß um meinen Namen.* Leiden also wartet dein, wenn du Gott lieben und Ihm ewiglich dienen willst.

O daß du würdig wärest für den Namen Jesu etwas zu leiden! wie große Ehre wartete deiner, welcher Jubel wäre es allen Heiligen Gottes, welche Erbauung für den Nächsten! Denn Alle empfehlen die Geduld, obschon Wenige dulden wollen. Billig solltest du gern ein Mäßiges erdulden für Christus, da Viele Schwereres erdulden für die Welt.

Wisse fürwahr, daß du ein sterbendes Leben führen mußt. Und so viel ein Jeglicher sich selbst stirbt, um so viel mehr hebt er an, Gott zu leben. Niemand ist tüchtig, himmlische Dinge zu begreifen, der sich nicht herabgelassen, für Christus Widerwärtigkeit zu ertragen. Nichts ist Gott genehmer, nichts dir heilsamer in dieser Welt, als willig zu leiden für Christus. Und hättest du die Wahl: dann müßtest du mehr wünschen für Christus Widerwärtigkeit zu leiden, als mit vielem Troste immer neu gestärkt zu werden, weil du

Christus desto ähnlicher wärest und allen Heiligen gleichförmiger. Denn unser Verdienst und die Besserung besteht nicht in viel Süßigkeit und Tröstung, sondern vielmehr in dem Erdulden großer Beschwerden und Drangsale.

Wäre nämlich etwas dem Heile des Menschen besser und nützlicher gewesen als Leiden: Christus hätte es uns sicher durch Wort und Vorbild gezeigt. Denn die Jünger, die Ihm nachfolgten, und Alle, welche Ihm nachzufolgen begehren, die ermahnt er offenbar, das Kreuz zu tragen, und spricht: *„Will einer mir nachkommen, so verleugne er sich selbst und nehme sein Kreuz auf sich und folge mir nach."* Darum, wenn man Alles durchlesen und durchforscht hat, so lautet der endliche Schluß, *daß wir durch Drangsale eingehen müssen in das Reich Gottes.*

DRITTES BUCH

VOM INNEREN TROST

Das erste Kapitel

Von Christi innerlichem Zuspruch
an die gläubige Seele

Ich will hören, was Gott der Herr in mir redet. Selig
die Seele, die den Herrn in sich reden hört und aus seinem Munde das Wort des Trostes empfängt. Selig die
Ohren, die das Einströmen seines göttlichen Geflü-
sters in sich aufnehmen und auf die Zuflüsterungen
der Welt nicht merken. Ganz selig die Ohren, die
nicht auf die Stimme, die draußen tönt, horchen, sondern auf die Wahrheit, die innerlich redet und lehret.
Selig die Augen, die dem Äußerlichen verschlossen
sind. Selig, die in das Innerliche eindringen und bemüht sind, durch tägliche Übungen sich vorzubereiten, die göttlichen Geheimnisse in sich aufzunehmen.
Selig, die auf Gott zu warten verlangen und sich aller
Hindernisse der Zeitlichkeit entschlagen.

Merke hierauf, meine Seele, und schließe die Pforten deiner Sinnlichkeit, damit du hören könnest, was Gott der Herr in dir redet. Also spricht dein Geliebter: Dein Heil bin ich, dein Friede und dein Leben. Halte dich bei mir, und du wirst den Frieden finden. Laß alles Vergängliche und suche das Ewige. Was ist alles Zeitliche anders als Verführung? Was helfen alle Kreaturen, wenn du vom Schöpfer verlassen bist? Darum entsage Allem und gib dich deinem Schöpfer wohlgefällig und gläubig hin, damit du wahre Seligkeit erlangen mögest.

Das zweite Kapitel

Daß die Wahrheit innerlich ohne Wortgeräusch spricht

Rede, Herr, dein Knecht hört. Dein Knecht bin ich, gib mir Einsicht, daß ich deine Zeugnisse verstehe. Neige mein Herz zu den Worten Deines Mundes; Deine Rede fließe wie Tau. Es sprachen einst die Kinder Israels zu Moses: „Rede du zu uns, und wir werden hören; nicht der Herr rede zu uns, damit wir nicht etwa sterben." Nicht so, Herr! nicht also bete ich, sondern lieber mit Samuel, dem Propheten, flehe ich demütig und sehnsüchtig: „Sprich, Herr! denn dein Knecht hört." Nicht Moses rede zu mir oder einer der Propheten, sondern vielmehr rede Du, Herr und Gott! du Begeisterer und Erleuchter aller Propheten, weil Du allein ohne sie mich vollkommen unterweisen kannst, jene aber ohne dich nichts fördern werden.

Sie können wohl Worte ertönen lassen, aber den Geist verleihen sie nicht. Sie sprechen auf's schönste, aber so du schweigst, entzünden sie das Herz nicht. Buchstaben überliefern sie, Du aber öffnest den Sinn. Geheimnisse tragen sie vor, aber Du schließest auf das Verständnis dazu.

Die Gebote verkünden sie, Du aber hilfst sie zu vollbringen. Den Weg zeigen sie, Du aber stärkest zum Wandel. Jene wirken nur äußerlich, Du aber unterweisest und erleuchtest die Herzen. Jene begießen von außen, Du aber schenkst die Fruchtbarkeit. Jene rufen mit Worten, Du aber erteilst dem Gehör das Verständnis.

Nicht Moses also rede zu mir, sondern Du, Herr, mein Gott, ewige Wahrheit! daß ich nicht etwa sterbe und ohne Frucht bleibe, wenn ich nur äußerlich ermahnt werde und nicht innerlich entzündet, damit mir nicht zum Gerichte das Wort gelte, das ich gehört und nicht vollbracht, erkannt und nicht geliebt, geglaubt und nicht gehalten habe. Darum Herr! rede, denn dein Knecht hört, denn du hast Worte des ewigen Lebens. Rede zu mir, zum Troste meiner Seele und zur Besserung meines ganzen Lebens, Dir aber zum Preise und zum Ruhm und zur immerwährenden Ehre.

Das dritte Kapitel

Daß wir die Worte Gottes demütig hören sollen und daß Viele sie nicht achten

Höre, mein Sohn, meine Worte, meine süßesten Worte, die erhabener sind als alle Weisheit der Philosophen und Weisen dieser Welt. Meine Worte sind Geist und Leben und nicht mit menschlichem Sinne abzuwägen; sie sollen nicht zu eitlem Ergötzen verkehrt werden, sondern sind schweigend zu hören und mit aller Demut und großer Begierde aufzunehmen. Und ich sprach: selig der, den Du unterwiesen, o Herr, und über dein Gesetz belehret, damit du ihm Linderung gebest für böse Tage und er nicht trostlos werde auf Erden.

Ich habe, spricht der Herr, die Propheten gelehrt vom Anbeginn an und bis jetzt höre Ich nicht auf zu Allen zu reden; aber Viele sind gegen Meine Stimme taub und verhärtet. Manche hören die Welt lieber als Gott, folgen leichter ihres Fleisches Begier, als Gottes Wohlgefallen. – Die Welt verheißt Zeitliches und Geringes, und ihr wird gedient mit großer Gier. Ich verheiße das Höchste und Ewige, doch lau sind die Herzen der Sterblichen. Wer dient Mir in solcher Sorgfalt in Allem, wie der Welt und ihren Herren gedient wird? Erröte, Sidon! spricht das Meer. Und fragst du nach der Ursache: höre warum. Um eine kleine Pfründe wird ein weiter Weg gelaufen, um das ewige

Leben aber wird von Vielen kaum der Fuß einmal von der Erde aufgehoben. Um geringen Lohn und um einen Pfennig wird zuweilen schmählich gestritten; für ein eitel Ding und ein klein Versprechen fürchtet man nicht, sich Tag und Nacht abzumühen.

Aber, ach leider! für das unwandelbare Gut, für den unschätzbaren Lohn, für die höchste Ehre und nie endende Glorie ist man zu träg, nur ein wenig sich zu mühen. Erröte also, träger und klagsüchtiger Knecht, daß jene bereiter wirken zum Verderben, als du zum Leben; jene freuen sich mehr an der Eitelkeit, als du an der Wahrheit. Und doch wird ihre Hoffnung manchmal vereitelt; Meine Verheißung aber täuscht Niemand, noch läßt sie den, der Mir vertraut, leer ausgehen. Was Ich verheißen, werde ich geben, was Ich gesagt, erfüllen, wenn einer getreu bis zum Ende in meiner Liebe ausgeharrt. Ich bin ein Belohner aller Guten und ein starker Prüfer aller Frommen.

Schreibe Meine Worte in dein Herz und bedenke sie ernstlich: denn sie werden dir in der Zeit der Versuchung gar notwendig sein. Was du nicht verstehst, wenn du es liesest, wirst du erkennen am Tage der Heimsuchung. Zweifach pflege ich Meine Auserwählten heimzusuchen; durch Versuchung und Tröstung; und zwei Lektionen lese ich ihnen täglich, eine, indem Ich ihre Laster rüge, die andere, indem Ich sie zum Wachstum in den Tugenden ermahne. Wer Meine Worte hat und sie verschmäht, der wählt den, der ihn am Jüngsten Tage richtet.

Gebet
um die Gnade der Andacht

Herr mein Gott, Du bist all mein Gut! Und wer bin ich, daß ich mich getraue zu Dir zu reden? Ich bin dein ärmster Knecht und ein hinweggeworfener Wurm, viel ärmer und verächtlicher, als ich weiß und es zu sagen getraue.

Gedenke doch, Herr! daß ich nichts bin, nichts vermag und nichts habe. Du bist allein gut, gerecht und heilig; Du vermagst Alles und erfüllst Alles, den Sünder allein lässest du leer. Erinnere Dich Deiner Erbarmungen, Herr! und erfülle mit Deiner Gnade mein Herz, weil Du nicht willst, daß Deine Werke wertlos seien.

Wie könnte ich in diesem elenden Leben durchhalten, wenn mich nicht Deine Barmherzigkeit und Deine Gnade stärket? Wolle nicht Dein Angesicht abkehren von mir, wolle nicht Deine Heimsuchung verzögern, wolle nicht Deine Tröstung mir entziehen, damit meine Seele nicht dürre werde, gleich wie eine Erde ohne Wasser.

Lehre mich, Herr, Deinen Willen tun. Lehre mich vor Dir würdig und demütig wandeln, weil Du meine Weisheit bist, der Du in Wahrheit mich kennst und gekannt hast, ehe denn die Welt wurde und ehe ich geboren war in der Welt.

Das vierte Kapitel

Daß wir in Wahrheit und Demut vor Gott wandeln sollen

Sohn, wandle vor Mir in Wahrheit, und in Einfalt deines Herzens suche Mich allezeit. Wer vor Mir wandelt in Wahrheit, der wird gesichert sein wider boshafte Anfeindungen, und die Wahrheit wird ihn von den Verführern und der Verkleinerung der Ungerechten befreien. Hat die Wahrheit dich befreit, dann wirst du wahrhaft frei sein und dich nicht kümmern um die eiteln Reden der Menschen. Herr! es ist wahr. Wie Du sprichst, also, bitte ich, geschehe mir. Deine Wahrheit lehre mich, sie behüte mich und bewahre mich bis zu einem seligen Ende; sie befreie mich von aller bösen Begierde und ungeordneten Liebe, und ich werde mit Dir wandeln in großer Freiheit des Herzens.

Ich werde dich lehren, spricht die Wahrheit, was recht ist und wohlgefällig vor mir. Bedenke deine Sünden mit großem Mißfallen und Traurigkeit, und nie halte dich für wichtig deiner guten Werke wegen. Du bist fürwahr ein Sünder und vielen Leidenschaften dienstbar und in sie verstrickt. Von dir aus strebst du immer nach dem Nichts, fällst schnell, wirst schnell überwunden, schnell bestürzt, schnell leichtfertig. Du hast nichts, dessen du dich rühmen könntest, aber Vieles, um dessentwillen du dich geringschätzen solltest, weil du viel schwächer bist, als du zu begreifen vermagst.

Nichts von Allem, was du tust, sieh darum für groß an. Nichts erscheine dir erhaben, nichts köstlich und wunderbar, nichts ruhmwürdig, nichts hoch, nichts wahrhaft lobenswert, nichts begehrungswürdig, außer das Ewige. Dir gefalle über Alles die ewige Wahrheit, dir mißfalle über Alles dein übergroßer Unwert. Nichts fürchte, verabscheue und fliehe so sehr, wie deine Laster und Sünden, die dir mehr mißfallen sollen, als der Verlust jeglicher Sache.

Etliche wandeln nicht aufrichtig vor Mir, sondern wollen von einem gewissen Fürwitz und von Anmaßung geleitet Meine Geheimnisse wissen und Einsicht in die Tiefen Gottes gewinnen, während sie sich und ihr Heil verabsäumen. Diese fallen oft in große Versuchungen und Sünden um ihrer Prahlerei, ihrer Hoffart und ihres Fürwitzes willen, da Ich gegen sie bin.

Fürchte die Gerichte Gottes und erschrick vor dem Zorne des Allmächtigen. Wolle nicht die Werke des Höchsten durchforschen, sondern deine Bosheiten durchsuche, in wie Vielem du dich vergangen und wie viel Gutes du versäumt hast. Etliche tragen ihre Andacht nur in den Büchern, Etliche in Bildern, Etliche aber in äußeren Zeichen und Figuren. Etliche haben mich im Munde, aber nur Wenige im Herzen. Es gibt aber Andere, die im Verstande erleuchtet und im Willen geläutert, nach dem Ewigen allezeit lechzen, von dem Zeitlichen ungern hören, den Bedürfnissen der Natur mit Schmerz dienen, und sie empfinden, was der Geist der Wahrheit in ihnen redet. Denn er lehrt sie Irdisches verschmähen, Himmlisches lieben, die Welt fahren lassen und nach dem Himmelreiche Tag und Nacht trachten.

Das fünfte Kapitel

Von wunderbarer Wirkung göttlicher Liebe

Ich benedeie Dich, himmlischer Vater, Vater meines Herrn Jesu Christi, der du mich Armen gewürdigst hast meiner zu gedenken. O Vater der Erbarmungen und Gott alles Trostes, Dir sage ich Dank, der Du mich, den aller Tröstung Unwürdigen, manchmal mit Deinem Troste labst. Ich benedeie Dich immer und lobpreise Dich mit Deinem eingebornen Sohne und dem heiligen Geiste, dem Tröster in alle Ewigkeit. Eia, Herr und Gott, mein heiliger Liebhaber! Wenn Du in mein Herz kommst, will all mein Inneres aufjauchzen. Du bist mein Ruhm und der Jubel meines Herzens, du meine Hoffnung und Zuflucht am Tage meiner Drangsal.

Aber weil ich noch schwach bin in der Liebe und unvollkommen in der Tugend, darum tut mir Not, von Dir gestärkt und getröstet zu werden. Deswegen suche mich öfter heim und unterweise mich in deiner heiligen Zucht. Erlöse mich von bösen, sündhaften Leidenschaften, und heile mein Herz von allen ungeordneten Begierden, damit ich innerlich geheilt und wohl geläutert, tauglich werde zum Lieben, stark zum Leiden und standhaft zum Ausharren.

Die Liebe ist ein groß Ding und gewiß ein groß Gut, das einzig alles Schwere leicht macht und gleichmütig alles Ungleiche erträgt; denn ohne Beschwer erträgt sie die Beschwerde und alles Bittere macht sie süß und wohlschmeckend. Die edle Liebe Jesu treibt an, Großes zu wirken, und nach immer Vollkommnerem zu trachten weckt sie auf. Die Liebe will aufwärts und von keinen niederen Dingen aufgehalten werden. Die Liebe will frei sein und fremd aller weltlichen Begier, damit ihr innerer Blick nicht gehindert werde, damit sie durch kein zeitlich Gemache bestrickt werde oder durch ein Ungemach unterliege. Nichts ist süßer denn die Liebe, nichts stärker, nichts höher, nichts fröhlicher, nichts reicher, nichts besser im Himmel und auf Erden, weil die Liebe aus Gott geboren ist und nicht ruhen kann, als über allem Erschaffenen allein in Gott.

Der Liebende fliegt, läuft, ist froh, ist frei und läßt sich nicht fest halten. Er gibt Alles für Alles und hat Alles in Allem, weil er über Allem in dem Einen Höchsten ruht, aus dem jedes Gut fließt und kommt. Er sieht nicht auf die Gabe, sondern wendet sich über alle Güter zum Geber. Die Liebe weiß oft kein Maß, sondern entbrennt über alles Maß. Die Liebe fühlt nicht die Bürde, der Mühen achtet sie nicht, erstrebt mehr denn sie vermag, schützt keine Unmöglichkeit vor, weil sie vermeint, Alles sei ihr möglich und gestattet. Darum hat sie Kraft zu Allem, und vollbringt Vieles und führt es zum Ziele, wo der Nichtliebende erliegt. Die Liebe wacht und schlafend schläft sie nicht, und ermüdet wird sie nicht müde, eingeengt wird sie nicht beengt, vom Schrecken wird sie nicht bestürzt, sondern wie eine lebendige Flamme und brennende Fackel dringt sie empor und geht sicher voran.

Wer liebt, der weiß, wie diese Stimme klingt. Ein lauter Ruf in den Ohren Gottes ist die brennende Sehnsucht der Seele, die da spricht: Gott, mein Gott! Du meine Liebe, Du ganz mein und ich ganz Dein.

Erweitere mich in der Liebe, daß ich im inneren Munde meines Herzens verkoste, wie süß es sei, zu lieben und in der Liebe zu zerrinnen und zu schwimmen. Von der Liebe getragen möchte ich über mich hinausgehen vor übergroßer Glut und vor Staunen; singen möchte ich der Liebe Gesang, folgen Dir, meinem Geliebten, zur Höhe; vergehen möchte meine Seele in deinem Preise, jubelnd vor Liebe; lieben möchte ich Dich mehr als mich, und mich nur deinetwegen, und Alle in Dir, die Dich wahrhaft lieben, wie es gebietet der Liebe Gesetz, das da leuchtet aus Dir.

Die Liebe ist schnell, lauter, milde, heiter und lieblich, stark, geduldig, getreu, klug, langmütig, männlich und nie eigensüchtig.

Denn wo Jemand sich selbst sucht, fällt er aus der Liebe. Die Liebe ist umsichtig, demütig und aufrichtig, nicht weichlich, nicht leichtfertig noch auf eitle Dinge gewandt, nüchtern, standhaft, keusch, ruhig und in allen Sinnen wohlbehütet. Die Liebe ist unterwürfig und den Obern gehorsam, sich selbst gering und verschmäht, Gott ergeben und willfährig, auf Ihn allezeit vertrauend und hoffend, auch wenn Er für sie bitter ist; denn ohne Schmerz lebt man nicht in der Liebe.

Wer nicht bereit ist, Alles zu leiden und seinem Geliebten willens zu sein, ist nicht wert ein Liebender genannt zu werden. Ein Liebender muß alles Harte und Bittere für den Geliebten gern umfassen und nicht um widriger Zufälle willen von ihm sich abwenden lassen.

Das sechste Kapitel

Von der Bewährung in der wahren Liebe

Sohn, du ist noch nicht stark und weise in der Liebe. – Warum, Herr?

Weil du um einer kleinen Widerwärtigkeit willen von dem Begonnenen entmutigt abläßt und allzu begierlich Tröstung suchst. Starke Liebe besteht in Versuchungen und glaubt nicht den listigen Zuredungen des Feindes. Wie ich ihm im Glück gefalle, so mißfalle ich ihm auch nicht in Widerwärtigkeiten.

Ein weiser Liebender bedenkt nicht sosehr die Gabe des Liebenden, als vielmehr die Liebe des Gebenden. Er vermerkt mehr auf die Meinung als den Wert, und setzt alle Gaben unter den Geliebten. Ein edler Liebender ruhet nicht in der Gabe, sondern in Mir über jeder Gabe. Es ist nicht Alles verloren, wenn du mitunter nicht also viel von Mir und Meinen Heiligen empfindest, als du möchtest. Denn die gute und süße Beglückung, die du dazwischen empfindest, ist die Wirkung der gegenwärtigen Gnade und ein Vorgeschmack des himmlischen Vaterlandes; du sollst dich nicht allzu sehr auf sie stützen; denn sie geht und kommt. Aber kämpfen wider die einbrechenden bösen Gemütsbewegungen und des Teufels Einreden verachten, ist ein Ehrenzeichen der Tugend und großen Verdienstes.

Darum laß dich durch fremde Einbildungen nicht beirren, welche immer dir auch eingegeben werden. Bleibe fest auf einem starken Vorsatz und einer aufrichtigen Meinung zu Gott. Es ist auch keine Täuschung, wenn du zuweilen überschwenglich verzückt wirst und alsbald zu den gewöhnlichen Tändeleien des Herzens zurückkehrest. Denn diese erleidest du mehr gegen deinen Willen, als du sie bewirkest, und so lange sie dir mißfallen und du ihnen widerstehst, ist es ein Verdienst und kein Verlust.

Wisse, daß der alte Feind auf alle Weise darnach

trachtet, dein Verlangen zum Guten zu hindern und dich von jeder guten Übung abzuziehen, nämlich von der Verehrung der Heiligen, von dem frommen Gedächtnis Meines Leidens, von der heilsamen Erinnerung an die Sünden, von der Behütung des eigenen Herzens und von dem festen Vorsatz, in der Tugend zu wachsen. Viele böse Gedanken gibt er dir ein, damit er dir Überdruß und Abscheu bereite und dich vom Gebet und der heiligen Lesung abziehe. Ihm mißfällt eine demütige Beichte, und wenn er könnte, würde er dich auch von der heiligen Kommunion abwendig machen. Glaube ihm nicht und achte seiner nicht, wenn er dir auch zum öfteren die Stricke der Verführung gelegt hätte. Ihm rechne es zu, wenn er dir Böses und Unreines eingibt. Sprich zu ihm: gehe, unreiner Geist! Erröte, Elender! Gar unrein bist du, der du solches meinen Ohren zuträgst. Scheide von mir, bösester Verführer! Du sollst keinen Teil an mir haben, sondern Jesus wird bei mir sein wie ein tapferer Streiter, und du dann in Schanden dastehen. Ich will lieber sterben und alle Pein leiden, als dir zustimmen. Schweige und verstumme, ich will dich nicht fürder hören, wie viel Beschwer du mir antun magst! Der Herr ist meine Erleuchtung und mein Heil, wen soll ich fürchten? Ständen wider mich Heerlager zusammen, mein Herz wird nicht fürchten. Der Herr ist mein Helfer und Erlöser.

Streite wie ein guter Ritter, und wenn du zuweilen aus Gebrechlichkeit fällst, sammle dir wieder stärkere Kräfte als die früheren, auf meine reichere Gnade vertrauend, und hüte dich ja vor eitlem Selbstgefallen und vor Hoffart. Durch sie werden Viele in Irrtum geführt und fallen manchmal in eine fast unheilbare Blindheit. Zur Warnung und beständigen Demut sei dir dieser Sturz der Hoffärtigen, die sich töricht über sich selbst erheben.

Das siebente Kapitel

Wie die Gnade unter der Obhut zu verbergen sei

Sohn, nützlicher und sicherer ist es für dich, die Gnade der Andacht zu verbergen und dich nicht zu überheben, noch viel davon zu reden, noch groß Gewicht darauf zu legen, sondern lieber dich selbst zu verschmähen und eher zu befürchten, sie sei einem Unwürdigen verliehen. Man soll diesem Gefühl nicht zu hartnäckig nachhangen, weil es sich allzu schnell in das Gegenteil umwandelt. Gedenke, wenn du in der Gnade bist, wie elend und wie arm du ohne die Gnade zu sein pflegst. Und nicht sowohl darin besteht des geistlichen Lebens Fortgang, daß du die Gnade der Tröstung hast, sondern daß du demütig in Selbstverleugnung und Geduld ihre Entziehung erträgst; also, daß du dann nicht lau wirst im Eifer des Gebetes, noch die übrigen Werke, die dir gewöhnlich zu verrichten obliegen, gänzlich fallen lässest, sondern sie nach deinem besten Vermögen und Wissen, soviel an dir ist, gern verrichtest und dich nicht wegen Dürre und Ängstlichkeit des Gemütes ganz verabsäumest.

Denn Viele gibt's, wenn es denen nicht nach Wunsch geht, so werden sie zur Stunde ungeduldig und träge. Und doch ist der Weg des Menschen nicht allezeit in seiner Gewalt; sondern Gottes ist es zu geben und zu trösten, wann er will und wie viel er will, und wem er will und wie es ihm gefällt, und nicht mehr. Gar manche Unvorsichtige haben sich selbst um der Gnade der Andacht willen ruiniert, weil sie mehr tun wollten, als sie konnten; das Maß ihrer Kleinheit nicht erwägend, folgten sie lieber ihrer Herzensbegier als dem Urteile der Vernunft. Und weil sie sich Größeres vermaßen, als es Gott gefällig war, deswegen verloren sie bald die Gnade, und bedürftig und gering wurden *die* verlassen, die ihr Nest sich in den Himmel gesetzt hatten; gedemütigt und verarmt, sollten sie lernen, nicht auf ihren Flügeln zu fliegen, sondern unter meinem Gefieder zu hoffen. Neulinge und Unerfahrene im Wege des Herrn können leicht getäuscht und betrogen werden, wenn sie sich nicht nach dem Rate derer richten, die Maß zu halten wissen.

Wollen sie daher ihrem eigenen Gefühle lieber folgen, als anderen Erfahrenen glauben, so wartet ihrer ein gefährlicher Ausgang, wenn sie sich von dem eigenen Vorsatze nicht abbringen lassen. Die sich selbst weise dünken, lassen sich selten demütig von Anderen leiten. Besser ist ein mäßig Wissen und geringe Einsicht mit Demut, als der Wissenschaften große Schätze mit eitlem Selbstgefallen. Besser ist dir, wenig zu besitzen als zuviel, worüber du hoffärtig werden könntest. Nicht besonnen genug handelt der, welcher sich ganz der Freude hingibt, uneingedenk seiner früheren Bedürftigkeit und der keuschen Furcht des Herrn, die da fürchtet, die verliehene Gnade zu verlieren. Noch hat auch der eine genugsam männliche Weisheit, der zur Zeit der Widerwärtigkeit und jeglicher Beschwerde allzu verzagt sich gebärdet und der von Mir minder vertrauensvoll denkt und fühlt, als es sich ziemt.

Wer zur Zeit des Friedens allzu sicher sein will, wird oft zur Zeit des Kampfes allzu niedergeschlagen und kleinmütig befunden werden. Wüßtest du immer demütig und maßvoll zu verbleiben und deinen Geist recht zu mäßigen und zu regieren, du würdest nicht so schnell in Gefahr und Verdruß fallen.

Es ist ein guter Rat, in der Zeit, da du den Geist inbrünstiger Andacht empfangen, zu bedenken, was geschen wird, wenn das Licht scheidet. Ist dies eingetreten, so denke wieder, es könne das Licht abermal kehren, welches Ich dir auf einige Zeit, dir zur Warnung, Mir aber zur Ehre, entzogen.

Nützlicher ist oft eine solche Prüfung, als wenn du Alles nach deinem Wunsche hättest. Denn das Verdienst ist nicht danach zu schätzen, ob einer mehr

Gesichte und Tröstungen habe, ob er erfahren sei oder auf eine höhere Stufe gestellt; sondern ob er in wahrer Demut gegründet sei und von göttlicher Liebe erfüllt, ob er Gottes Ehre immerdar lauter und ungeteilt suche, ob er sich selbst für nichts achte und mit Recht verschmähe, und ob er sich auch mehr freue, von Andern geschmäht und erniedriget, als geehrt zu werden.

Das achte Kapitel

Von der Geringschätzung seiner selbst in den Augen Gottes

Ich will zu meinem Herrn reden, der ich Staub bin und Asche. Wenn ich mich für mehr schätze, siehe! so stehst Du wider mich, und meine Bosheiten heißen dein Zeugnis wahr, und ich kann nicht widersprechen. Wenn ich mich aber für wertlos und nichtig achte, und von aller Selbstschätzung abstehe und mich, wie ich es denn bin, zu Staub mache, dann wird mir Deine Gnade gewogen und meinem Herzen Dein Licht nahe sein, und jede Selbstschätzung, wie gar klein sie auch immer sei, wird in dem Tale meiner Nichtigkeit versinken und untergehen in Ewigkeit. Dort wirst Du mir auch zeigen, was ich bin, was ich gewesen und wohin ich gekommen; denn ich bin nichts und wußte es nicht. Werde ich mir selbst überlassen, siehe! da ist nichts und lauter Schwäche. Wenn Du aber plötzlich mich anblickest, werde ich zur Stunde stark und mit neuer Freude erfüllt. Und es ist gar wunderbar, wie ich so plötzlich aufgerichtet und so gütig von Dir umfangen werde, der ich von meiner eigenen Schwere immer nach der Tiefe gezogen werde.

Dies wirkt Deine Liebe, die unverdient mir zuvorkommt, in so vielen Nöten mir zu Hilfe eilt, mich auch vor so schweren Gefahren behütet und, um die Wahrheit zu sagen, so unzähligen Übeln entreißt. Da ich eitel mich liebte, verlor ich mich; da ich Dich allein suchte und rein liebte, fand ich zugleich Dich und mich und verlor mich aus Liebe noch tiefer; denn Du, o Holdseligster! handelst mit mir über alles Verdienst und über Alles, was ich zu hoffen und zu erflehen mir getraue.

Benedeit seist du, mein Gott! Denn wiewohl ich aller Güter unwürdig bin, so läßt doch Dein Adel und Deine unendliche Güte nicht ab, selbst dem Undankbaren und von Dir weit Abgewandten wohl zu tun. Bekehre uns zu Dir, damit wir dankbar seien, demütig und andächtig; denn Du bist unser Heil, unsere Kraft und Stärke.

Das neunte Kapitel

Daß alles auf Gott als das höchste Endziel zurückzuführen sei

Sohn, Ich muß dein höchstes und letztes Ziel sein, wenn du wahrhaft Verlangen trägst, selig zu werden. Durch diese Meinung wird dein Begehren geläutert, das öfter zu sich selbst und den Kreaturen bös hingezogen wird. Denn wenn du dich in irgend etwas suchst, so wirst du alsbald selbst schwach und kraftlos. Darum führe Alles hauptsächlich auf Mich zurück, der ich Alles bin und Alles dir gegeben habe. Betrachte das Einzelne als dem höchsten Gute entströmend. Und darum ist auf Mich, gleich wie auf seinen Ursprung, Alles zurückzuführen.

Aus Mir schöpft Klein und Groß, Reich und Arm, wie aus einem lebendigen Borne lebendiges Wasser. Und die Mir freiwillig und gern dienen, empfangen Gnade zum Dank. Wer aber sich rühmen will außer Mir, oder sich eines besonderen Gutes erfreuen will, wird nicht gefestigt werden in der wahren Fröhlichkeit, noch weit in seinem Herzen, sondern wird vielfach behindert und beängstigt. Du sollst dir also nichts Gutes zuschreiben noch irgend einem Menschen Tugend beimessen, sondern Alles eigne Gott zu, ohne welchen der Mensch nichts hat. Ich habe Alles gegeben. Ich will Alles wieder haben, und mit großer Strenge fordere Ich Danksagung.

Dies ist die Wahrheit, wovor des Ruhmes Eitelkeit fliehen muß. Und ist die himmlische Gnade und wahr Liebe eingekehrt, dann wird weder Neid, noch Engherzigkeit, noch Eigenliebe Raum gewinnen. Denn die göttliche Liebe überwindet Alles und erweitert alle Kräfte der Seele. Hast du rechten Verstand, so wirst du dich in Mir allein freuen, auf Mich allein hoffen: denn Niemand ist gut, denn Gott allein, der über Alles zu preisen und in Allem zu benedeien ist.

Das zehnte Kapitel

Wie süß es sei, Gott zu dienen, wenn man die Welt verachtet hat

Jetzt werde ich wieder reden, Herr, und nicht schweigen. Sprechen werde ich zu den Ohren meines Gottes und meines Königs, der da ist in der Höhe. O wie groß ist die Fülle deiner Süßigkeit, Herr, welche Du denen verborgen hältst, die Dich fürchten! Aber was bist Du denen, die Dich lieben, was denen, die Dir mit ganzem Herzen dienen! Wahrhaft unaussprechlich ist die Süßigkeit deiner Anschauung, die Du denen, die Dich lieben, verleihst. Darin hast Du zumeist die Huld Deiner Liebe gezeigt, indem Du mich geschaffen hast, als ich nicht war, und als ich irrte fern von Dir, hast Du mich zurückgeführt, damit ich Dir diente, und hast mir geboten, Dich zu lieben.

O, Born immerwährender Liebe! Was soll ich sagen von Dir? Wie werde ich Deiner vergessen können, der Du mich gewürdiget hast, meiner zu gedenken? Und da ich hinwelkte und verloren ging, hast Du über alles Hoffen Deinem Knechte Barmherzigkeit erwiesen und über alles Verdienst Gnade und Freundschaft ihm erzeigt. Womit soll ich Dir diese Gnade vergelten? Denn nicht Allen ist es gegeben, daß sie, auf Alles verzichtend, der Welt entsagen und einem klösterlichen Leben sich unterziehen. Ist es denn wohl etwas Großes, wenn ich Dir diene, dem jede Kreatur zu dienen schuldig ist? Es soll mir nicht groß scheinen, daß ich Dir diene; sondern vielmehr bedünkt mich das groß und wunderbar, daß Du einen so Armen und Unwürdigen Dich würdigst zum Knechte anzunehmen und Deinen geliebten Knechten zuzugesellen.

Siehe, Alles ist Dein, was ich habe und womit ich Dir diene. Umgekehrt jedoch dienest Du mir viel mehr, als ich Dir. Siehe, Himmel und Erde, die Du zum Dienste des Menschen erschaffen hast, sind gewärtig und tun täglich, was Du ihnen geboten hast. Und das ist noch wenig: denn sogar die Engel hast Du zum Dienste des Menschen geschaffen und geordnet. Es übertrifft aber alles dieses, daß Du Dich selbst herabließest, dem Menschen zu dienen, und Dich selbst ihm zu geben verheißen hast.

Was soll ich Dir geben für alle diese tausend Gaben! O daß ich Dir dienen könnte alle die Tage meines Lebens! O daß ich Dir auch nur einen Tag würdigen Dienst zu leisten vermöchte! Du bist wahrlich jedes Dienstes, jeder Ehre und ewigen Preises würdig. Du bist wahrlich mein Herr und ich Dein armer Knecht, der ich schuldig bin, aus allen Kräften Dir zu dienen und nie in Deinem Lobe verdrossen sein darf. Das ist mein Wille, das mein Verlangen; und was mir daran gebricht, wollest Du gnädig ersetzen.

Große Ehre, großer Ruhm ist's, Dir zu dienen und Alles Deinetwegen zu verschmähen. Denn große Gnaden werden die haben, die sich freiwillig Deiner heiligsten Dienstbarkeit unterworfen haben. Die süßeste Tröstung des heiligen Geistes werden die finden, die um Deiner Liebe willen alle fleischliche Lust abgeworfen haben. Große Freiheit des Herzens werden die gewinnen, die um Deines Namens willen den engen Pfad betreten und alle weltliche Sorge bei Seite gesetzt haben.

O angenehme und fröhliche Knechtschaft Gottes, wodurch der Mensch wahrhaft frei und heilig wird! O heiliger Stand geistlichen Dienstes, der den Menschen den Engeln gleich, Gott wohlgefällig, den Teufeln furchtbar und allen Gläubigen ehrwürdig macht! O willkommene und allezeit erwünschte Knechtschaft, wodurch das höchste Gut verdient und eine ohne Ende währende Freude erworben wird!

Das elfte Kapitel

Daß des Herzens Begierden zu prüfen und zu mäßigen sind

Sohn, du mußt noch Vieles lernen, was du noch nicht gelernt hast.

Was ist das, Herr?

Daß du dein Verlangen gänzlich setzest in Mein Wohlgefallen und nicht ein Liebhaber deiner selbst seiest, sondern ein herzlicher Liebhaber und Befolger Meines Willens. Die Begierden entzünden dich oft und treiben dich gewaltig an; bedenke aber, ob du mehr um Meiner Ehre willen, oder deines Gewinnes wegen bewegt wirst. Bin Ich der Grund, so wirst du wohl zufrieden sein, wie immer Ich es auch werde geordnet haben. Liegt aber von deinem Eigennutz etwas darin verborgen, sieh, das ist's, was dich hindert und beschwert.

Hüte dich daher, allzu sehr einer vorgefaßten Begierde nachzuhangen, ohne Mich um Rat gefragt zu haben, damit es nicht vielleicht später dich reue und dir mißfalle, was dir zuvor gefallen und wofür du, wie für das Bessere, geeifert hast. Denn nicht jedem Gefühl, das gut scheint, darf man alsobald folgen, noch auch jedes widerwärtige Gefühl gleich Anfangs fliehen. Es ist zuweilen förderlich, dich selbst in guten Bestrebungen und Begierden im Zaume zu halten, damit du nicht durch Ungestüm in Geisteszerstörung fällst, Anderen nicht durch ein regelwidrig Betragen Ärgernis bereitest oder auch durch ihren Widerstand selbst auf einmal verwirrt wirst und zum Falle kommst.

Bisweilen aber muß man Gewalt gebrauchen und männlich der sinnlichen Begier entgegengehen, und nicht achten, was das Fleisch will und was es nicht will, sondern vielmehr sich darum bemühen, daß es untertan sei dem Geiste auch wider Willen. Und so lange muß es gezüchtigt und zur Dienstbarkeit gezwungen werden, bis es zu Allem bereit ist und lernt mit Wenigem sich zu begnügen, an Einfachem sich zu ergötzen und wider kein Ungemach zu murren.

Das zwölfte Kapitel

Von der Unterweisung in der Geduld und dem Kampfe gegen die Begierlichkeiten

Herr Gott! wie ich sehe, ist Geduld mir sehr not. Viel Widerwärtiges trifft ja in diesem Leben ein. Denn wie ich es auch um meinen Frieden bestellt habe, ohne Schmerz und Kampf kann mein Leben nicht sein.

So ist's, mein Sohn. Ich will aber nicht, daß du solchen Frieden suchst, welcher der Versuchung ermangelt und keine Widerwärtigkeiten empfindet; sondern auch dann sollst du glauben, Frieden gefunden zu haben, wenn du in manchem Drangsal erprobt und in mancher Widerwärtigkeit bewährt bist.

Wenn du sprichst, du könntest nicht viel ertragen, wie willst du denn das Fegfeuer aushalten? Von zwei Übeln ist immer das mindere zu wählen: damit du also den ewigen künftigen Strafen entrinnen mögest, so befleiße dich, die gegenwärtigen Übel um Gottes Willen gleichmütig zu ertragen. Oder meinst du, daß die Menschen dieser Welt nichts oder wenig leiden? Auch das wirst du nicht finden, selbst wenn du die Allerverwöhntesten aufsuchst. Sie haben aber, wirst du sagen, viele Freuden und folgen ihrem eigenen Willen, und darum nehmen sie ihre Drangsal gar nicht schwer. Gesetzt, es wäre so, sie hätten, was sie wollen: aber wie lange meinst du, wird's dauern?

Schau, wie der Rauch werden hinschwinden die Überreichen der Welt, und es wird kein Gedächtnis an die vergangenen Freuden sein. Aber auch dieweil sie noch leben, sie ruhen darin nicht ohne Bitterkeit und Verdruß und Furcht. Denn aus derselben Sache, woraus ihnen ihre Lust zu Teil geworden, wird ihnen auch hinwiederum der strafende Schmerz häufig zu Teil. Ihnen geschieht Recht, daß sie, weil sie die Lüste unordentlich suchen und ihnen nachgehen, dieselben nicht ohne Beschämung und Bitterkeit befriedigen können.

O wie kurz, wie trügerisch, wie ungeordnet, wie schmählich sind alle diese Lüste! Vor Trunkenheit jedoch und Blindheit sehen sie's nicht ein, sondern rennen gleich den stummen Tieren, um einer kleinen Lust des hinschwindenden Lebens willen, in den Tod der Seele. Darum gehe du, mein Sohn, deiner Begierlichkeit nicht nach und wende dich ab von deinem Willen. Ergötze dich im Herrn, und Er wird dir die Wünsche deines Herzens gewähren. Denn wenn du dich wahrhaft ergötzen und überreich von mir getröstet werden willst: so wisse, in der Verachtung alles Weltlichen und der Losreißung von allen niederen Ergötzlichkeiten wird dein Segen ruhn und mit reichlicher Tröstung dir dafür vergolten werden. Und je mehr du dich aller Tröstung der Kreaturen entzogen, um so süßere und kräftigere Tröstungen wirst du in Mir finden. Zuerst aber wirst du nicht ohne manche Traurigkeit und Mühseligkeit des Kampfes zu ihnen gelangen. Die eingepflanzte Gewohnheit wird widerstreben, aber durch die bessere überwunden werden; murren wird das Fleisch, aber durch des Geistes Eifer gezügelt werden; aufspornen und aufreizen wird dich die alte Schlange, vor dem Gebete aber fliehen müssen, und überdies wird ihr der Hauptzutritt auch durch nützliche Beschäftigung versperrt werden.

Das dreizehnte Kapitel

Von dem Gehorsam eines demütigen Untergebenen nach dem Beispiel Jesu Christi

Sohn, wer sich dem Gehorsam zu entziehen strebt, entzieht sich selbst der Gnade, und wer Eigenes zu besitzen sucht, verliert das Gemeinsame. Wer sich nicht gern und willig seinen Oberen unterwirft, der zeigt, daß sein Fleisch ihm noch nicht vollkommen gehorcht, sondern sich noch oft auflehnt und murrt. Lerne darum, deinen Oberen dich schnell unterwerfen, wenn du dein eigen Fleisch zu unterjochen wünschest. Denn schneller wird dein äußerer Feind überwunden, wenn der innere Mensch nicht wüst geworden. Kein Feind ist der Seele lästiger und schlimmer, als du dir selbst, wenn du mit dem Geiste nicht recht in Eintracht bist. Du mußt durchaus eine wahre Verachtung deiner selbst annehmen, willst du deines Fleisches und Blutes Meister werden. Weil du dich selbst noch allzu ungeordnet liebst, deswegen zitterst du, in eines Anderen Willen dich völlig zu ergeben. Aber was ist's Großes, wenn *du*, der du Staub bist und ein Nichts, um Gottes willen dich einem Menschen unterwirfst, da Ich, der Allmächtige und Höchste, der Ich Alles aus Nichts erschaffen habe, mich dem Menschen deinetwegen demütig unterworfen habe? Ich bin von Allen der Niederste und Unterste geworden, damit du deine Hoffart durch Meine

Demut möchtest überwinden. Lerne gehorchen, du Staub! Lerne dich demütigen, der du Erde und Asche bist, und unter Aller Füße dich krümmen. Lerne deinen Willen brechen und dich unterwerfen.

Entbrenne wider dich und dulde keine Aufgeblasenheit in dir, sondern zeige dich so unterwürfig und klein, daß Alle über dich hinschreiten und wie Straßenstaub dich treten können. Was hast du, nichtiger Mensch zu klagen? Was, unreiner Sünder, kannst du denen, die dich beschuldigen, entgegnen, der du Gott so oft beleidigt und die Hölle vielfältig verdient hast? Aber Mein Auge hat deiner geschont, weil deine Seele vor Meinem Antlitze kostbar war, damit du Meine Liebe erkennest und durch Meine Wohltaten stets dankbar würdest, und dich der wahren Unterwürfigkeit und Demut ohne Unterlaß hingäbest und geduldig die eigene Verachtung ertrügest.

Das vierzehnte Kapitel

Wie wir Gottes verborgene Gerichte betrachten
sollen, damit wir durch das
Gute nicht übermütig werden

Du läßt über mich Deine Gerichte hindonnern, Herr! und mit Furcht und Zittern zerschlägst Du all mein Gebein, und es erhebet meine Seele gewaltig. Ich stehe vom Donner gerührt und bedenke, daß die

Himmel nicht rein sind vor Deinem Antlitze. Hast Du in den Engeln Bosheit gefunden und selbst ihrer nicht geschont, was wird mir geschehen? Sterne sind vom Himmel gefallen, und ich, Staub, wessen vermesse ich mich? Solche, deren Taten preiswürdig schienen, fielen zu tiefst, und die das Brot der Engel aßen, sah ich an den Eicheln der Schweine sich ergötzen.

Keine Heiligkeit kann bestehen, wenn Du Deine Hand zurückziehst, Herr. Keine Weisheit fruchtet, wenn Du von der Leitung abläßt. Keine Tapferkeit hilft, wenn Du zu beschirmen aufhörst. Keine Keuschheit ist gesichert, wenn Du sie nicht schützest. Kein Selbstbewahren frommt, wenn Deine heilige Hut ihm nicht zur Seite ist. Denn verlassen von Dir werden wir hinabgerissen und gehen zu Grunde, heimgesucht aber leben wir und werden emporgehoben. Wir sind zu unbeständig, aber durch Dich werden wir gefestet; wir erkalten, aber durch Dich werden wir entzündet.

O wie niedrig und verächtlich muß ich von mir selbst denken, und wie nichts zu schätzen ist es, wenn ich etwas Gutes zu haben scheine! O wie tief muß ich mich Deinen abgründlichen Gerichten unterwerfen, Herr, da ich an mir anderes nicht finde, als Nichts und aber Nichts! O Last, ungemessen, o Meer, nicht zu durchschwimmen, da ich nichts an mir finde, als ein totales Nichts. Wohin hat sich meine Herrlichkeit nun verborgen? wo die Zuversicht auf die eingebildete Tugend? Verschlungen ist alles eitle Rühmen in der Tiefe Deiner Gerichte über mich.

Was ist alles Fleisch vor Deinem Antlitz? Wird etwa der Ton sich gegen seinen Bildner rühmen? Wie kann der mit Geschwätzigkeit sich erheben, dessen Herz in Wahrheit Gott unterworfen ist? Die ganze Welt kann den nicht erheben, der sich der Wahrheit unterworfen hat; auch der wird durch den Mund aller Preisenden nicht erregt werden, der seine ganze Hoffnung in Gott gefestigt hat. Denn auch sie selbst, die da reden, schau! alle sind nichts und werden schwinden mit dem Schall der Worte; die Wahrheit aber des Herrn bleibt in Ewigkeit.

Das fünfzehnte Kapitel

Wie wir bei Allem, was wir begehren, uns verhalten und reden sollen

Sohn, sprich in allem: Herr! wenn Dir dies wohlgefällt, dann also geschehe es; Herr! wenn es zu deiner Ehre gereicht, dann geschehe dies in deinem Namen; Herr! wenn du weißt, daß es mir förderlich ist und Du es für nützlich befunden, dann laß mich dies gebrauchen zu der Ehre dein. Wenn Du aber erkannt, es werde mir schädlich sein und dem Heile meiner Seele nicht nützen, dann nimm ein solch Verlangen von mir. Denn nicht jedes Verlangen ist vom heiligen Geiste, ob es auch den Menschen recht und gut scheint. Es ist schwer nach der Wahrheit zu entscheiden, ob der gute oder der böse Geist dich treibe, dies oder jenes zu verlangen, oder auch, ob du von deinem eigenen Fleische bewegt wirst. Viele sind am Ende betrogen worden, die zuerst von einem guten Geiste angeleitet schienen.

Darum sollst du immer mit Gottesfurcht und Demut des Herzens Alles, was deinem Gemüte wünschenswert vorkommt, wünschen und begehren, und du mußt mit eigener ganzer Ergebung Mir Alles anheimstellen und sprechen:

Herr! Du weißt, wie es besser ist. Tue dies oder das, wie Du willst. Gib mir, was du willst, und wie viel Du willst, und wann Du willst. Tue mit mir, wie Du willst und wie es Dir wohlgefällig und zu Deiner größeren Ehre gereicht. Setze mich wohin Du willst, und schalte frei mit mir in Allem. In Deiner Hand bin ich, drehe und kehre ich mich um und um. Siehe! ich bin dein Knecht, bereit zu Allem, weil ich nicht mir zu leben verlange, sondern Dir; ich möchte dies würdig und vollkommen!

Gebet
um den Willen Gottes zu vollbringen

Gewähre mir, gütigster Jesu, Deine Gnade, daß sie mit mir sei und wirke und bei mir bis zum Ende verharre. Gib mir, immer zu verlangen und zu wollen, was Dir am angenehmsten und liebsten ist. Dein Wille sei der meine, und mein Wille folge allezeit dem Deinen und stimme mit ihm auf's beste überein. Laß mich Ein Wollen und Ein Nichtwollen mit Dir haben, und kein ander Ding wollen oder nicht wollen können, als was Du willst oder nicht willst.

Gib mir, daß ich Allem sterbe, was in der Welt ist, und daß mir lieb sei, Deinetwegen verachtet und ungekannt zu sein in dieser Zeitlichkeit. Gib mir, über allem Ersehnten in Dir zu ruhen und mein Herz zu befriedigen. Du wahrer Friede des Herzens, Du die einzige Ruhe! außer Dir ist Alles hart und unruhvoll. In diesem Frieden, in dem Einen und höchsten und ewigen Gute allein, möchte ich entschlafen und ruhen. Amen.

Das sechzehnte Kapitel

Daß wahrer Trost in Gott allein zu suchen sei

Was immer ich verlangen und denken kann zu meinem Trost, das erwarte ich nicht hier, sondern in Zukunft; denn hätte ich jeden Trost dieser Welt, und könnte ich alle Ergötzlichkeiten genießen, gewiß ist, daß sie nicht lange dauern können. Darum wirst du, meine Seele, nicht völlig getröstet und vollkommen

erquickt werden, außer in Gott, der die Armen tröstet und die Demütigen aufnimmt.

Harre ein Kleines, o Seele! harre der göttlichen Verheißung, und du wirst im Himmel alle Güter Über-
fluß haben. Wenn du allzu ordentlich das Gegenwärtige begehrst, wirst du das Ewige und Himmlische
verlieren. Das Zeitliche sei dir zum Gebrauche, nach
dem Ewigen gehe dein Verlangen. Du kannst nicht
durch irgend ein zeitlich Gut gesättigt werden, weil
du zu seinem Genusse nicht erschaffen bist.

Wenn du auch alle erschaffenen Güter hättest, du
könntest nicht glücklich und selig sein, sondern nur
in Gott, der Alles erschaffen, besteht deine ganze Seligkeit und dein Glück; nicht ein solches, wie es den
törichten Liebhabern der Welt erscheint und von
ihnen gepriesen wird, sondern wie es die frommen
Christgläubigen erwarten, und wie es zuweilen geistliche und herzensreine Menschen, deren Wohnung
im Himmel ist, schon im Vorgeschmack kosten. Eitel
ist und von kurzer Dauer aller menschliche Trost;
selig und wahr ist der Trost, den man inwendig aus
der Wahrheit empfängt. Ein andächtiger Mensch hat
überall seinen Tröster Jesus bei sich und spricht zu
ihm: Sei bei mir, Herr Jesu, allerorts und allezeit!
Dies sei meine Tröstung: alles menschlichen Trostes
gern entbehren zu wollen. Und wenn Deine Tröstung
fern, so sei mir Dein Wille und Deine Prüfung der
höchste Trost. Denn nicht immerdar wirst Du zürnen
noch ewig drohen.

Das siebzehnte Kapitel

Daß man alle Sorgen Gott anheimstellen solle

Sohn, laß Mich mit dir schalten, wie Ich will; Ich weiß, was dir förderlich ist. Du denkst wie ein Mensch, empfindest in Vielem, wie menschlicher Hang dir eingibt.

Herr, wahr ist, was Du sagst. Größer ist Deine Fürsorge um mich, als alle Sorge, die ich selbst um mich haben könnte. Denn der steht dem Falle gar nahe, der nicht all seine Sorge auf Dich wirft. Herr! wenn nur mein Wille aufrichtig und fest in Dir verbleibt, dann tue mit mir, wie es Dir immer beliebt. Denn es kann nicht anders sein als gut, was Du auch mit mir tust. Willst Du, daß ich in Finsternis sei, so sei gebenedeit; und willst Du, daß ich im Lichte sei, so sei abermal gebenedeit. Würdigst Du mich Deiner Tröstung, so sei gebenedeit; und willst Du, daß ich bedrängt werde, so sei gleicherweise gebenedeit.

Sohn, so muß es um dich stehen, wenn du mit Mit begehrst zu wandeln. Du mußt genauso behende sein zum Frieden wie zur Freude. Ebenso gern mußt du bedürftig und arm sein, als in Fülle und Reichtum.

Herr! gern will ich für Dich leiden, daß über mich komme was Du willst. Ohne Unterschied will ich aus Deiner Hand Gutes und Böses, Süßes und Bitteres, Frohes und Trauriges annehmen, und für Alles, was mir begegnet, Dank sagen. Behüte mich vor aller

Sünde, und ich werde nicht den Tod noch die Hölle fürchten. Wenn Du mich nur nicht auf ewig verwirfst und austilgst aus dem Buche des Lebens, so wird mir nicht schaden, was auch an Drangsal über mich kommt.

Das achtzehnte Kapitel

Daß man zeitliches Elend nach dem Vorbilde Christi geduldig ertragen solle

Sohn, Ich bin vom Himmel gestiegen deines Heiles wegen und habe dein Elend angenommen, nicht aus Not, sondern von Liebe bewogen, damit du Geduld lerntest und zeitliches Elend ohne Widerwillen trügest. Denn von der Stunde Meiner Geburt bis zum Verscheiden am Kreuze fehlte Mir nicht die Erduldung des Schmerzes; an zeitlichen Gütern hatte Ich großen Mangel; viele Klagen habe Ich zum öfteren über Mich gehört; Beschimpfung und Schmähreden ertrug Ich sanftmütig, für Wohltaten empfing Ich Undank, für Wunder Lästerungen und für Belehrung Rügen.

Herr! dieweil Du geduldig warst in Deinem Leben, hierin ganz das Gebot Deines Vaters erfüllend, so ziemt sich's, daß ich armseliger Sünder nach Deinem Willen mich gedulde, und so lange Du willst, die Bürde des hinfälligen Lebens zu meinem Heile trage.

Denn wenn auch dies gegenwärtige Leben schwer empfunden wird, so ist es doch durch Deine Gnade gar viel leichter geworden, und durch Dein Beispiel und die Fußstapfen Deiner Heiligen den Schwachen erträglicher und klarer; aber auch viel verdienstlicher, als es im Alten Testamente gewesen, wo die Pforte des Himmels geschlossen stand und auch der Weg zum Himmel dunkler schien, da so Wenige das Himmelreich zu suchen sich mühten. Aber auch die, welche damals gerecht und zum Heile bestimmt waren, konnten nicht vor Deinem Leiden und heiligen Sühnungstode in das himmlische Reich eingehen.

O welchen Dank bin ich Dir darzubringen schuldig, daß Du die Gnade gehabt, mir und allen Christgläubigen den rechten und guten Weg zu Deinem ewigen Reiche zu zeigen! Denn dein Leben ist unser Weg, und durch heilige Geduld wandeln wir zu dir, der Du unsere Krone bist. Wärest Du uns nicht vorangegangen und hättest Du uns nicht gelehrt, wen kümmerte es, Dir nachzufolgen? Ach, wie Viele würden zurückweichen und zurückbleiben, wenn sie nicht auf Dein vorleuchtend Beispiel hinblickten! Siehe, noch immer sind wir lau, und haben so viele Zeichen und Lehren gehört; was geschähe, wenn wir ein solches Licht, Dir nachzufolgen, nicht hätten?

Das neunzehnte Kapitel

Wie Kränkungen zu erdulden, und wer sich als wahrhaft tugendhaft bewährt

Was ist's, was du redest, o Sohn! Laß ab zu klagen, betrachte Mein und der andern Heiligen Leiden. Du hast noch nicht bis zum Blutvergießen gestritten. Wenig ist's, was du leidest, in Vergleich zu denen, die so Vieles gelitten haben, so stark versucht, so schwer bedrängt, so vielfach geprüft und geübt wurden. Du mußt dir darum das Schwerere der Anderen zu Gemüte führen, damit Du das Deine, was ja klein ist, leichter erträgst. Und wenn es dir nicht als das Kleinste scheint, so sieh zu, ob auch dies nicht deine Ungeduld bewirkt. Doch es sei nun groß oder es sei klein, befleiße dich, Alles geduldig zu tragen.

Je besser du dich zum Leiden anschickest, um so weiser handelst du, um so verdienstlicher ist's; und du wirst es um so leichter tragen, wenn du darauf durch Mut und Übung fleißig vorbereitet bist. Sprich nicht: ich kann dies nicht von einem solchen Menschen erdulden, noch darf ich so etwas dulden; denn er hat mir schweren Schaden zugefügt und wirft mir Dinge vor, woran ich nie dachte; aber von einem Anderen will ich gern dulden, und zwar solches, was meiner Einsicht nach zu dulden ist. Unklug ist diese Denkungsart, welche die Tugend der Geduld nicht in Betracht zieht, noch von wem sie gekrönt werden soll, sondern mehr die Personen und die zugefügten Verletzungen erwägt.

Der ist nicht wahrhaft geduldig, der nicht dulden will, außer so viel es ihm gut dünkt, und von wem es ihm beliebt. Der wahrhaft Geduldige achtet nicht darauf, von welchen Menschen er darin geprüft werde, ob von seinem Vorgesetzten, oder von einem seines Gleichen, oder einem Niedrigeren, ob von einem guten und heiligen Manne, oder von einem verkehrten und unwürdigen. Sondern wie viel und wie oft ihm Widerwärtiges von welchem Geschöpfe immer zustößt, ohne Unterschied empfängt er dankbar das alles, wie aus der Hand Gottes, und schätzet es für unsäglichen Gewinn, weil vor Gott, was für Ihn erduldet worden, sei es auch noch so gering, nicht unbelohnt hingehen kann.

Darum sei bereit zum Kampfe, wenn du den Sieg gewinnen willst. Ohne Kampf kannst du nicht zur Krone der Geduld kommen; wenn du nicht dulden willst, so weigerst du dich, gekrönt zu werden. Begehrst du aber gekrönt zu werden, so streite männlich, trage geduldig! Ohne Arbeit kein Recht auf Ruhe, und ohne Kampf kein Sieg.

Mache mir möglich, Herr, durch die Gnade, was mir unmöglich schien durch die Natur. Du weißt, daß ich nur wenig erdulden kann, und daß ich schnell niedergeschlagen bin, wenn sich nur eine leichte Widerwärtigkeit einstellt. Um Deines Namens willen werde mir jede Übung der Drangsal lieb und angenehm;

denn leiden und bedrängt werden für Dich, ist gar
heilsam meiner Seele.

Das zwanzigste Kapitel

Von dem Bekenntnis eigener Schwäche und dem Jammer dieses Lebens

Bekennen will ich wider mich meine Ungerechtigkeit; ich will Dir bekennen, Herr, meine Schwachheit. Oft ist's ein klein Ding, was mich niederschlägt
und betrübt. Ich nehme mir vor, entschlossen zu handeln, aber wenn eine kleine Versuchung kommt, wird
mir sehr angst. Ein gar gering Ding ist es oft, von dem
mir eine große Versuchung kommt, und wenn ich
mich nur ein wenig sicher wähne, finde ich mich
manchmal, ohne daß ich es merke, überwunden
schon von einem leichten Hauche.

Blicke also, Herr, auf meine Niedrigkeit und Gebrechlichkeit, die Dir allwärts bekannt, erbarme
Dich meiner und entreiße mich dem Schlamme, daß
er mich nicht festhalte und ich niedergeschlagen
bleibe immerdar. Das ist es, was mich oft nieder-
drückt und vor Dir beschämt, daß ich so leicht falle
und so schwach bin, den Leidenschaften zu widerstehen. Und wenn sie mich, von ihnen verfolgt, auch
nicht bis zur Einwilligung bringen, so ist mir das
doch lästig und beschwerlich, und es verdrießt mich

sehr, so täglich im Streite zu leben. Meine Schwachheit wird mir daraus offenbar, daß abscheuliche Bilder mir stets viel leichter einfallen, als sie wieder weichen.

O Du, starker Gott Israels, Eiferer der gläubigen Seelen! ach, blicke auf die Mühe und den Schmerz deines Knechtes und stehe ihm in Allem bei, wohin immer er sich wendet! Stärke mich mit himmlischer Kraft, daß nicht der alte Mensch, das elende Fleisch, das dem Geiste noch nicht recht untertan ist, zu herrschen vermöge, wider welches wir ja streiten müssen, so lange wir atmen in diesem armseligsten Leben. Ach, was ist dies Leben, in dem die Trübsale nicht aufhören und nicht der Jammer, wo Alles voller Fallstricke und Feinde ist. Denn wenn eine Prüfung oder Trübsal dahingeht, kommt eine andere daher; aber auch dieweil die erste Bedrängnis noch währt, kommen viele andere dazu, und das oft so unverhofft.

Und wie soll es geliebt werden, das Leben des Menschen, das so viele Bitterkeiten hat, und so viel Not und Jammer unterworfen ist? Wie soll es ein Leben heißen, das so manchen Tod und so manche Pest bringt? Und doch wird es geliebt und Viele suchen in ihm ihre Lust. – Der Welt wird vielfach vorgeworfen, daß sie trughaft und eitel sei, und dennoch wird sie nicht gern verlassen, da die Begierlichkeiten des Fleisches so übermächtig sind. Aber das Eine zieht zur Liebe, das Andere zur Verachtung; zur Liebe der Welt zieht Fleischeslust, Lust der Augen und Hoffart des

Lebens; aber die ihm mit Recht folgenden Strafen und alles Elend zeugen Haß auf die Welt und auf ihren Überdruß.

Aber ach! Die böse Lust überwindet leider das der Welt hingegebene Gemüt; unter Dornen zu weilen, gilt ihm eine Lust, weil es die Süßigkeit Gottes und der Tugend innerliche Lieblichkeit weder erkannt noch gekostet hat. Jenen aber, die die Welt vollkommen verschmähen und unter heiliger Zucht Gott zu leben sich mühen, ist die den wahrhaft Entsagenden verheißene göttliche Süßigkeit nicht unbekannt; und wie schwer die Welt irrt und wie vielfältig sie getäuscht wird, sehen diese um so klarer.

Das einundzwanzigste Kapitel

Daß wir nur in Gott über allen Gütern
und Graben ruhen sollen

Ueber Allem und in Allem sollst du, meine Seele, in dem Herrn stets ruhen, weil Er der Heiligen ewige Ruhe ist. Gib mir, süßester und liebster Jesu, in Dir über jeder Kreatur zu ruhen, über allem Glück und aller Schönheit, über aller Glorie und Ehre, über aller Macht und Würde, über aller Wissenschaft und Scharfsinnigkeit, über allen Reichtümern und Künsten, über alle Freude und Wonne, über allem Ruhm und Lob, über aller Süßigkeit und Tröstung, über aller Hoffnung und Verheißung, über allem Verdienst und Verlangen, über allen Gaben und Geschenken, die du verleihen und eingießen kannst, über aller Lust und allem Jubel, den der Geist fassen und fühlen kann, endlich über allen Engeln und Erzengeln und über allem Sichtbaren und Unsichtbaren und über Allem, was Du, mein Gott, nicht bist, gib mir zu ruhen.

Denn Du, Herr, mein Gott, bist das Beste über Allem. Du allein bist der Höchste, Du allein der Mächtigste, Du allein der Genügendste und von der reichsten Fülle, Du allein der Süßeste und Tröstlichste, Du allein der Schönste und Lieblichste, Du allein der Edelste und Glorreichste über Allen, in dem alle Güter vollkommen und vereinigt sind, waren und sein werden. Und darum ist das zu wenig und ungenügend, was Du außer Dir selbst mir schenkest und von Dir offenbarst und verheißest, wenn ich Dich nicht sehe und nicht gänzlich erlange, dieweil mein Herz nicht wahrhaft ruhen noch sich völlig zufrieden stellen kann, außer es ruhe in Dir und steige empor über alle Gaben und jede Kreatur.

O mein lieblichster Bräutigam, Jesus Christus, reinster Liebhaber, Herrscher der gesamten Schöpfung! Wer gibt mir das Gefieder wahrer Freiheit, um zu fliegen und zu ruhen in Dir? O wann wird mir zu Genüge gegeben werden, frei zu sein und zu schauen, wie süß Du bist, Herr, mein Gott? Wann werde ich mich völlig in Dir sammeln, daß ich vor Liebe zu Dir nicht mich, sondern Dich allein fühle über allem Gefühl und Maß, auf eine Vielen, nicht Allen bekannte Weise? Jetzt aber seufze ich so oft und trage meine Unseligkeit mit Schmerz, weil mir viel Übels in diesem Erdentale zustößt, was mich oft verwirrt, betrübt und verdüstert, öfters noch mich hindert und zerstreut, verlockt und verstrickt, daß ich keinen freien Zutritt zu Dir haben noch die frohen Umarmungen genießen darf, die immer den seligen Geistern bereitet sind. Möge Dich mein Seufzen und vielfältige Trostlosigkeit hier auf Erden bewegen.

O Jesu, Glanz der ewigen Glorie, Trost der pilgernden Seele! Bei Dir ist mein Mund ohne Stimme, doch mein Schweigen spricht zu dir. Wie lange zögert mein Gott zu kommen? Er komme zu mir, seinem Armen, und mache ihn froh.

Er biete Seine Hand und entreiße mich aller Angst. Komm, komm, mein Herr! Denn ohne Dich kann kein Tag, keine Stunde, mir froh werden, weil Du meine Fröhlichkeit bist und ohne Dich mein Tisch leer ist. Ich bin elend und gewissermaßen eingekerkert und mit Fesseln beschwert, bis Du mich durch das Licht Deiner Gegenwart erquickst und mir Freiheit schenkest, und ein freundlich Antlitz mir darbietest und zeigest.

Mögen Andere statt Deiner suchen, was Sie gelüstet; mir inzwischen gefällt und wird nichts anderes gefallen, als Du, mein Gott, meine Hoffnung, mein ewiges Heil! Ich will nicht schweigen noch aufhören zu beten, bis Deine Gnade mir wiederkehrt und Du innerlich zu mir sprichst:

Siehe, da bin Ich; siehe! Ich komme zu dir, weil Du Mich angerufen hast. Deine Tränen und das Verlangen deiner Seele, deine Demut und Zerknirschung des Herzens haben Mich herniedergeneigt und zu dir hingeführt.

Ich sprach: Herr! ich habe Dich angerufen, und habe Dein zu genießen verlangt, und bin bereit, Alles Deinetwegen zu verschmähen; denn Du hast mich zuerst geweckt, Dich zu suchen; sei also benedeit, Herr! der Du diese Güte Deinem Knechte erzeigt, nach der Fülle Deiner Barmherzigkeit. Was kann noch weiter, Herr, Dein Knecht sagen von Dir, außer daß er sich vor Dir gar sehr erniedrige, stets eingedenk der eigenen Bosheit und Schwäche und Geringheit. Denn Deines Gleichen ist nichts unter allen Wundern des Himmels und der Erde. Es sind sehr gut Deine Werke, Herr, Deine Gerichte wahr, und durch Deine Vorsehung wird das Weltall regiert. Preis darum Dir und Ehre, o Weisheit des Vaters! Dich preise und benedeie mein Mund, meine Seele und alles Geschaffene mit ihnen!

Das zweiundzwanzigste Kapitel

Wie man sich der vielfältigen Wohltaten Gottes erinnern soll

Öffne, Herr, mein Herz für Dein Gesetz und in Deinen Geboten lehre mich wandeln. Verleihe mir, Deinen Willen zu verstehen, und mit großer Ehrerbietung und fleißiger Betrachtung eingedenk zu sein Deiner Wohltaten, so im allgemeinen wie im besonderen, auf daß ich Dir würdigen Dank dafür darbringen möge. Aber ich weiß und bekenne, daß ich des Dankes schuldiges Lob nicht einmal für das Allergeringste entrichten kann. Ich bin zu gering für alle mir verliehenen Güter; und wenn ich Deine Hoheit betrachte, so wird mir vor ihrer Größe mein Mut zunichte.

Alles, was wir an Seele und Leib haben, und was immer wir von innen oder von außen natürlich oder übernatürlich besitzen, sind Deine Guttaten, und wir preisen Dich als den milden und gütigen Wohltäter, von dem wir alles Gute empfangen haben. Und wenn der Eine mehr, der Andere minder empfangen hat, so ist doch Alles Dein, und ohne Dich kann Niemand das Mindeste haben. Jener, der Größeres empfangen, kann sich seines Verdienstes wegen nicht rühmen oder über Andere erheben, noch den Geringeren verspotten; denn der ist der Größere und Bessere, der sich weniger zuschreibt und beim Danke demütiger und inniger ist. Und wer sich für den Geringsten von Allen schätzt, ist der Geeignetste, um Größeres zu empfangen.

Wer aber weniger empfangen, soll nicht traurig werden, noch es unwillig tragen, noch den Reicheren beneiden, sondern lieber auf Dich, o Gott, achten und Deine Gütigkeit zumeist preisen, weil Du so überfließend, so unverdient, so willig, ohne Ansehen der Person Deine Gaben spendest. Alles ist aus Dir entsprungen, und darum bist Du in Allem zu preisen. Du weißt, was als Geschenk Jedem förderlich; und warum jener minder, dieser mehr besitzt; darüber gebührt nicht uns, sondern Dir zu entscheiden, bei dem eines Jeden Verdienste zugewogen sind.

Daher, Herr Gott, schätze ich es für eine große Wohltat, wenn Einer nicht so viel besitzt, daß äußerlich und in den Augen der Menschen sein Ruhm und seine Ehre offenbar werde, so daß er durch den Anblick seiner Armut und der Kleinheit seiner Person nicht nur keine Beschwerde und Traurigkeit oder Niedergeschlagenheit verspüre, sondern vielmehr Tröstung und große Heiterkeit, weil Du, Gott, die Armen und Niedrigen und von der Welt Verachteten Dir zu Vertrauten und Hausgenossen erwählt hast. Zeugen sind die Apostel selbst, die Du zu Fürsten über die ganze Erde gesetzt hast. Und doch sind sie in der Welt ohne Klage gewandelt, so niedrig wie einfältig, ohne alle Bosheit und Tücke, so daß sie sich sogar freuten, für Deinen Namen Schmach zu leiden, und mit großer Begier das, was die Welt verabscheut, umfingen. Nichts also soll den, der Dich liebt und Deine Wohltaten erkennt, so fröhlich machen, als daß Dein Wille und das Wohlgefallen Deiner ewigen Anordnung an ihm sich erfülle, und darüber soll er so vergnügt und getröstet sein, daß er eben so gern der Mindeste sein will, wie ein Anderer der Größte sein möchte, und auch eben so zufrieden und vergnügt ist mit der letzten wie mit der ersten Stelle, und eben so gern verachtet und weggeworfen und ohne Namen und Ruf, wie vor den anderen in der Welt geehrt und größer denn sie. Die Liebe Deiner Ehre soll ihm über Alles gehen und ihn mehr trösten, ihm mehr gefallen als alle Wohltaten, die ihm verliehen worden oder noch mögen verliehen werden.

Das dreiundzwanzigste Kapitel

Von vier Dingen, die großen Frieden schaffen

Sohn, jetzt werde Ich dich lehren den Weg des Friedens und wahrer Freiheit.

Tue, Herr, was Du sagst, weil dies mir angenehm ist zu hören.

Befleiße dich, mein Sohn, den Willen eines Andern lieber zu tun als deinen. Wähle immer, minder als mehr zu haben. Suche immer die niedrigere Stelle und unter Allen zu stehen. Allezeit sei dein Wunsch und Gebet, daß der Wille Gottes vollkommen an dir geschehe. Siehe, ein solcher Mensch geht ein in die Gemarken des Friedens und der Ruhe.

Herr, diese Deine kurze Rede begreift viel Vollkommenheit in sich; sie ist kurz auszusprechen, aber voll des Sinnes und reich an Frucht. Denn könnte sie von mir getreulich bewahrt werden, so sollte nicht also leicht eine Trübung in mir aufsteigen. Denn so oft ich mich unzufrieden und beschwert fühle, finde ich, daß ich von dieser Lehre abgewichen bin. Du aber, der Du Alles vermagst und der Seele Gedeihen immer liebst, mehre noch reicher die Gnade, damit ich Dein Wort erfüllen und mein Heil vollführen möge.

Gebet
wider böse Gedanken

Herr, mein Gott! entferne Dich nicht von mir; mein Gott! blick herab, mir zu helfen, weil in mir eitele Gedanken aufgestiegen sind, und große Schrekken meine Seele quälen. Wie werd' ich unversehrt über sie hinkommen und sie durchbrechen?

Ich werde, spricht Er, vor dir hergehen und die Glorreichen der Erde erniedrigen, öffnen des Kerkers Türen und die Geheimnisse der Verborgenheit dir offenbaren.

Tue Herr, wie Du sagst! Fliehen sollen vor Deinem

Angesichte alle bösen Gedanken! Dies ist meine Hoffnung und mein einziger Trost, zu Dir in jeder Drangsal zu fliehen, Dir zu vertrauen, aus dem Innersten Dich anzurufen und geduldig Deine Tröstung zu erwarten.

Gebet
um Erleuchtung des Gemütes

Verkläre mich, gütiger Jesu, mit der Klarheit des ewigen Lichtes; vertreibe aus der Wohnung meines Herzens alle Finsternis! Halte fern die vielen umherschweifenden Gedanken, und treibe hinaus die Anfechtungen, die mir Gewalt antun. Streite mächtig für mich und überwältige die bösen Tiere, die verführerischen Begierlichkeiten, meine ich, damit Friede werde in Deiner Kraft, und die Fülle Deines Lobes wieder ertöne in der heiligen Halle, das ist: im lauteren Gewissen. Gebiete den Winden und Unwettern, sage zum Meere: weiche; sage zum Nordwind: *wehe nicht,* und es wird große Stille sein.

Sende aus Dein Licht und Deine Wahrheit, daß sie leuchten über die Erde; denn ich bin eine Erde, wüst und leer, bis Du mich erleuchtest. Ergieße Deine Gnade hernieder, und durchströme mein Herz mit himmlischen Taue, gewähre mir die Wasser der Andacht, das Antlitz der Erde zu erfrischen, damit es gute und allerbeste Frucht bringe. Erhebe das Gemüt des durch die Last der Sünden Gedrückten, und laß all mein Sehnen dem Himmlischen anhangen, auf daß, wenn ich die Süßigkeit der höheren Glückseligkeit verkostet habe, mich verdrieße, an Irdisches zu denken.

Reiße mich hin und entreiße mich aller unbeständigen Tröstung durch Kreaturen, weil kein erschaffen Ding meine Begierde vollkommen zu stillen und zu trösten vermag. Vereinige mich Dir durch das unlösbare Band der Liebe, weil Du allein dem Liebenden genügst und ohne Dich Alles nichtig ist.

Das vierundzwanzigste Kapitel

Wie wir fürwitziges Ausforschen des Lebens Anderer meiden sollen

Sohn, wolle nicht fürwitzig sein noch müßige Sorgen hegen. Was geht dies oder jenes dich an? Folge du Mir, denn was geht's dich an, ob jener das oder das ist, oder ob dieser so und so handelt oder spricht. Du brauchst nicht für Andere zu antworten, sondern für dich selbst wirst du Rechenschaft geben; was also mischest du dich ein? Siehe, ich kenne Jeden, und Alles, was unter der Sonne geschieht, sehe ich, und ich weiß, wie es um Jeglichen steht, was er denkt, was er will und auf welches Ziel seine Absicht gerichtet ist. Mir ist darum Alles zu überlassen; du aber wahre Frieden und laß den Betriebsamen treiben, so viel er will. Kommen wird einst über ihn, was er getan und gesagt, weil er Mich mit nichten täuschen kann.

Mache dir keine Sorge um den Schatten eines großen Namens, auch nicht um Vertrautheit mit Vielen, noch um der Menschen besondere Liebe; denn dies erzeugt Zerstreuungen und große Verfinsterungen im Herzen. Gern wollte ich Mein Wort zu dir reden und Verborgenes offenbaren, wenn du meines Kommens beflissen warten und die Türe des Herzens auftun wollest. Sei vorsichtig und wache im Gebete, und demütige dich in Allem.

Das fünfundzwanzigste Kapitel

Worin des Herzens fester Friede und ein wahrer Fortschritt besteht

Sohn, ich habe gesprochen: *Den Frieden hinterlasse Ich euch, Meinen Frieden gebe Ich euch, nicht wie diese Welt gibt, gebe Ich ihn euch.* Nach Frieden verlangen Alle, aber was zum wahren Frieden gehört, das kümmert nicht Alle. Mein Friede ist mit den Demütigen und den von Herzen Sanftmütigen. Dein Friede wird in vieler Geduld bestehen. Wenn du Mich hörst und Meine Worte befolgst, so wirst du viel Frieden genießen können.

Was soll ich also tun?

Bei jeder Sache merke ich auf dich, was du tust und was du sprichst, und all deine Absicht richte darauf, daß du Mir allein gefällst und außer Mir nichts begehrst oder suchst. Aber auch über Worte und Werke Anderer urteile nicht vermessen, und in Dinge, die dir nicht übertragen sind, mische dich nicht ein; so mag es geschehen, daß du wenig oder selten verwirrt wirst.

Niemals aber irgend eine Störung spüren, keinerlei Beschwerden des Herzens oder des Leibes erleiden, das gehört nicht dieser Zeit, sondern dem Zustande der ewigen Ruhe an. Vermeine darum nicht, den wahren Frieden gefunden zu haben, wenn du keine Beschwerde empfindest, und dann sei Alles gut, wenn du keinen Widersacher erleiden mußt, noch sei es Vollkommenheit, wenn Alles dir nach deinem Sinne geht. Achte dich auch dann nicht für etwas Großes oder schätze dich für besonders geliebt, wenn du in großer Andacht und Süßigkeit warst; denn hierin wird nicht der wahre Liebhaber der Tugend erkannt noch besteht hierin der Fortgang und die Vollkommenheit des Menschen.

Worin also, Herr?

Im Hinopfern deiner selbst aus deinem ganzen Herzen an den göttlichen Willen, in dem Nichtsuchen dessen, was dein ist, weder im Kleinen noch im Großen, weder in der Zeit noch in der Ewigkeit, sondern daß du im Danke mit gleicher Miene verharrest im Glück wie auch in der Widerwärtigkeit, Alles auf der gleichen Waagschale wägend. Bist du so stark und demütig in der Hoffnung, daß, wenn dir auch die innere Tröstung entzogen ist, du doch dein Herz um Größeres zu erdulden bereitest und dich auch nicht rechtfertigest, als hättest du dieses und gar so vieles nicht erdulden sollen, sondern wenn du Mich in allen meinen Anordnungen rechtfertigst und heilig preisest: dann wandelst du auf dem wahren und rechten Wege des Friedens und hast unbezweifelte Hoffnung, daß du wieder in Jubel mein Antlitz schauen werdest. Wenn du also zur völligen Verachtung deiner selbst gekommen bist, so wisse, daß du dann die Überfülle des Friedens genießen wirst, so viel es deine Pilgerschaft nur vermag.

Das sechsundzwanzigste Kapitel

Von der Hoheit eines freien Gemütes, die mehr durch demütiges Beten als vieles Lesen erlangt wird

Herr, dies ist eines vollkommenen Mannes Werk, niemals das Gemüt in dem Streben nach dem Himmlischen ermatten zu lassen, und zwischen vielen Sorgen gleichsam sorglos hindurchzugehen, nicht in der Weise eines Trägen, sondern nach einem bestimmten Vorrechte eines freien Gemütes, das keiner Kreatur mit ungeordneter Begier anhängt.

Ich bitte Dich, mildester Herr, mein Gott, behüte mich vor den Sorgen dieses Lebens, damit ich nicht allzusehr in sie verwickelt werde; vor vielen Bedürfnissen des Leibes, damit ich nicht von der Wollust gefangen werde; vor allen Hindernissen der Seele, damit ich nicht, durch Beschwerden gebrochen, kleinmütig werde. Ich sage nicht vor den Dingen, wonach weltliche Eitelkeit mit ganzer Begier strebt, sondern vor dem Elende, welches die Seele Deines Knechtes durch den gemeinsamen Fluch der Sterblichkeit als Strafe beschwert, und hindert, daß er nicht in die Freiheit des Geistes, so oft es ihm gefällt, eingehen kann.

O mein Gott, unaussprechliche Süßigkeit, wende mir in Bitterkeit alle fleischliche Tröstung, die mich von der Liebe des Ewigen abzieht und, aus Rücksicht auf irgend ein ergötzliches gegenwärtiges Gut, mich sündhaft hinlockt. Möge mich nicht, o mein Gott, möge mich nicht Fleisch und Blut überwinden, die Welt und ihr kurzer Ruhm mich nicht betrügen, der Teufel und seine Tücke mich nicht zu Falle bringen! Gib mir Starkmut zum Widerstehen, Geduld zum Ertragen, Standhaftigkeit zum Ausharren! Gib mir statt aller Tröstungen der Welt die lieblichste Salbung Deines Geistes, und statt der fleischlichen Liebe gieße mir Deines Namens Liebe ein!

Siehe, Speise, Trank, Kleidung und andere Bedürftigkeit, die zu des Leibes Erhaltung gehört, sind dem inbrünstigen Geiste beschwerlich. Verleihe mir, solchen Unterhalt mit Maß zu gebrauchen, damit ich nicht mit allzu großer Begier in sie verstrickt werde. Alles hinwegzuwerfen, ist nicht erlaubt, weil die Natur erhalten werden muß; aber Überflüssiges und was mehr zur Lust ist, aufzusuchen, das verbietet das heilige Gesetz; sonst würde das Fleisch übermütig wider den Geist sich erheben. Zwischen diesen hindurch, ich bitte, Herr, leite mich Deine Hand und belehre mich, daß hierin nicht zu viel geschieht.

Das siebenundzwanzigste Kapitel

Daß die Eigenliebe am meisten von dem höchsten Gute zurückhält

Sohn, dir tut not, daß du Alles für Alles gibst und nichts für dich selbst behältst. Wisse, daß deine Selbstliebe dir mehr schadet als irgend ein Ding dieser Welt. Je nach der Liebe und Begierde, die du hegst, haftet ein jeglich Ding mehr oder minder dir an. Ist deine Liebe lauter, einfältig und wohlgeordnet, so werden die Dinge dich nicht gefangen halten. Begehre nicht, was du nicht besitzen darfst, und wolle nicht besitzen, was dich hindern und der innerlichen Freiheit berauben kann. Zu verwundern ist's, daß du dich nicht selbst aus ganzem Grunde des Herzens Mir anbefiehlst mit Allem, was du verlangen oder haben magst.

Warum wirst du von eitlem Mißmut verzehrt? Warum von überflüssigen Sorgen ermüdet? Verhalte dich nach Meinem Wohlgefallen und du wirst keinen Schaden leiden. Suchst du aber dies oder das, und willst du da oder dort sein, um Behagen und an eigen Wohlgefallen mehr zu haben, so wirst du nie zur Ruhe kommen noch von Besorgnis frei werden, weil an jedem Ding sich irgend ein Mangel finden und an jedem Orte ein solcher sein wird, der dir zuwider ist.

Darum frommt nicht ein jeglich Ding, was du erlangst oder äußerlich vervielfältigst, sondern eher das, was du verschmäht und mit der Wurzel aus dem Herzen gerissen. Dies verstehe nicht nur bei Geldzinsen und Reichtümern, als auch von der Bewerbung um Ehre und dem Verlangen nach eitlem Lobe, was alles mit der Welt vergeht. Der Ort schützt wenig, wenn der Geist der Inbrunst fehlt, noch wird ein Friede sein, der außerhalb des Geistes gesucht wird, wenn der Zustand des wahren Fundaments fehlt: das heißt, wenn du nicht in Mir stehst, magst du dich wohl verändern, aber nicht verbessern. Denn wenn die Gelegenheit sich zeigt und du ergreifst sie, so findest du doch was du geflohen, und noch mehr.

Gebet
um Reinigung des Herzens

Befestige mich, Herr, durch die Gnade des heiligen Geistes; gib mir Kraft, im inneren Menschen gestärkt zu werden, und mein Herz von jeder unnützen Sorge und Angst zu befreien. Laß mich nicht von mancherlei Verlangen nach jeder geringen oder kostbaren Sache hingezogen werden, sondern alle Dinge als vorübergehend und mich desgleichen als mit ihnen einst vorübergehend anzusehen, weil nichts dauert unter der Sonne, wo Alles Eitelkeit und Bedrängnis des Geistes ist. O wie weise, wer dies bedenkt!

Gib mir, Herr! himmlische Weisheit, damit ich lerne, Dich über Alles zu suchen und zu finden, über Alles zu verstehen und zu lieben, und das Übrige nach der Ordnung Deiner Weisheit zu erkennen, wie es ist. Gib mir, dem Schmeichelnden klug auszuweichen und geduldig den zu ertragen, der mir zuwider ist. Denn es ist große Weisheit, nicht von jedem Winde der Worte bewegt zu werden, und sein Ohr nicht der böslich schmeichelnden Sirene zu bieten; denn nur so wandelt man auf dem begonnenen Wege sicher fort.

Das achtundzwanzigste Kapitel

Gegen die Zungen der Verleumder

Sohn, nimm es nicht übel, wenn Einige schlimm von dir denken und das reden, was du nicht gern hörest. Du sollst selbst von dir Schlimmeres denken, und glauben: Niemand sei schwächer als du. Wandelst du im Geiste, so wirst du die Worte von außen nicht hart nehmen. Es ist keine kleine Klugheit, in böser Zeit zu schweigen, und innerlich zu Mir sich wenden und durch kein menschlich Urteil sich beirren zu lassen.

Dein Friede sei nicht im Munde der Menschen; denn sie mögen dein Tun gut oder bös auslegen, du bist dann kein anderer Mensch. Wo ist wahrer Friede, wo wahre Glorie? Nicht wahr, in Mir? Und wer den Menschen nicht zu gefallen begehrt, noch ihnen zu mißfallen fürchtet, wird vielen Frieden genießen. Aus ungeordneter Liebe und eitler Furcht entspringt alle Unruhe des Herzens und Zerstreuung der Sinne.

Das neunundzwanzigste Kapitel

Wie man bei anstehender Trübsal Gott anrufen und benedeien soll

Dein Name, Herr, sei gebenedeit in Ewigkeit, der Du gewollt, daß die Bedrängnis und Versuchung über mich komme. Ich kann ihr nicht entfliehen, sondern mir tut not, zu Dir zu fliehen, daß Du mir beistehest und sie mir zum Guten kehrest. Herr! Jetzt bin ich gerade in der Versuchung, und meinem Herzen ist nicht wohl, sondern ich werde sehr gequält durch das gegenwärtige Leiden. Und jetzt, geliebter Vater, was soll ich sagen? Von Ängsten bin ich erfaßt; rette mich in dieser Stunde! Aber diese Stunde kam darum über mich, damit Du, wenn ich gar sehr gedemütigt und von Dir erlöst sein werde, gerühmt würdest. Es gefalle Dir, Herr, mich zu befreien. Denn was kann ich Armer tun, und wo will ich hingehen ohne Dich? Gib Geduld mir, Herr, auch diesmal. Hilf mir, mein Gott, und ich werde nichts fürchten, wie hart es mir auch ist.

Und nun, was soll ich dazu sagen? – Herr, Dein Wille geschehe! Ich habe wohl verdient, bedrängt und beschwert zu werden: darum also muß ich geduldig aushalten, bis das Unwetter vorübergeht und es besser wird. Mächtig genug aber ist, Allmächtiger, Deine Hand, auch diese Versuchung von mir zu nehmen und ihr Ungestüm zu sänftigen, damit ich nicht gänzlich unterliege, wie Du auch vordem öfters mit mir getan, mein Gott, meine Barmherzigkeit! Und je schwerer mir ist, um so leichter ist Dir die Wende Deiner rechten Hand, Allerhöchster!

Das dreißigste Kapitel

Von der Anrufung göttlicher Hilfe und dem Vertrauen auf die Wiedererlangung der Gnade

Sohn, ich bin der Herr, der Kraft gibt am Tage der Bedrängnis. Komm zu Mir, wenn dir nicht wohl ist. Das ist's, was am meisten himmlische Tröstung hindert, daß du dich allzu säumig dem Gebete zuwendest. Denn bevor du Mich ernstlich bittest, suchst du inzwischen mancherlei Trost, und erlabst dich an äußerlichen Dingen. Darum geschieht es, daß dir Alles wenig fruchtet, bis du merkst, daß Ich es bin, der die, so auf Mich hoffen, errettet, und daß außer Mir keine mächtige Hilfe noch nützlicher Rat und kein dauernd Heilmittel ist. – Aber wohlan, bist du nach dem Sturme wieder zu Atem gekommen, so erstarke genesend in dem Lichte meiner Erbarmung; denn Ich bin dir nahe, spricht der Herr, um Alles wieder herzustellen, nicht nur in seiner Gänze, sondern in Hülle und Fülle.

Ist Mir etwas zu schwer? Oder Ich könnt sein wie einer, der spricht und nicht handelt? Wo ist dein Glaube? Stehe fest und beharrlich! Sei langmütig und ein starker Mann! Dir wird Tröstung werden zu seiner Zeit. Harre auf Mich, ja harre! Ich werde kommen und dich heilen. Eine Versuchung ist's, was dich quält, und eitle Furcht, die dich erschreckt. Welch andern Nutzen bringt dir der Kummer um künftige Ereignisse als Trauer über Trauer? Jeder Tag hat genug an seinem Unheile. Eitel ist's und unnütz, sich zu grämen und zu beglückwünschen über Künftiges, was vielleicht niemals eintreffen wird.

Aber menschlich ist es, sich von solchen Einbildungen täuschen zu lassen, und das Zeichen eines noch geringen Mutes, so leicht sich hinreißen zu lassen durch die Einrede des Feindes. Denn er selbst kümmert sich nicht, ob das, womit er dich betrügt und dich hintergeht, wahr oder falsch ist, noch auch, ob er dich durch Liebe zum Gegenwärtigen oder durch die Furcht vor dem Künftigen zum Falle bringt. Darum soll dein Herz sich nicht verwirren lassen noch sich fürchten; glaube an Mich und setze auf meine Barmherzigkeit dein Vertrauen.

Wenn du dich fern von Mir wähnst, bin Ich dir oft um so näher. Wenn du Alles verloren wähnst, dann hält sich deine Hand bereit, größeren Gewinn zu empfangen. Es ist nicht Alles verloren, wenn die Sache in's Gegenteil ausschlägt.

Du sollst nicht nach deiner gegenwärtigen Empfindung urteilen, noch sollst du irgend einer Beschwernis, woher sie auch komme, so nachhangen und sie so nehmen, als sei alle Hoffnung zur Rettung dahin.

Wolle dich nicht für ganz und gar verlassen halten, wenn ich dir auch zur Zeit eine Trübsal geschickt oder die erwünschte Tröstung entzogen habe; denn nur so geht man zum Reiche der Himmel. Und es ist ohne Zweifel dir und meinen übrigen Dienern förderlicher, daß ihr durch solches, was euch zuwider ist, geprüft werdet, als wenn ihr Alles nach eurem Wohlgefallen hättet. – Ich kenne die verborgenen Gedanken. – Denn es fördert gar sehr dein Heil, wenn du zuweilen ohne Wohlgeschmack gelassen werdest, damit du nicht durch guten Fortgang übermütig wirst, und dir selbst zu gefallen suchst in dem, was du nicht bist.

Denn was ich gegeben, kann ich nehmen und zurück-
erstatten, wenn es mir gefällt.

Wenn ich's gegeben, so ist es das Meine; wenn ich's
genommen, so habe ich nicht das Deine genommen;
denn mein ist jede gute Gabe und jedes vollkommene
Geschenk. Habe ich dir eine Beschwer zugeschickt
oder was immer für eine Widerwärtigkeit, so werde
nicht mißmutig noch verzagten Herzens; schnell
kann ich aufrichten und jede Last in Lust verwandeln.
Aber ich bin gerecht und sehr zu preisen, wenn ich so
mit dir handle.

Wenn du dies recht bedenkst und der Wahrheit
gemäß ansiehst, darfst du niemals der Widerwärtigkeiten wegen so kleinmütig werden und dich härmen,
sondern vielmehr sollst dich freuen und danken, ja es
für eine einzige Freude erachten, daß ich, so mit
Schmerzen dich schlagend, deiner nicht schone. *Wie
mich der Vater geliebt, so liebe ich euch,* habe ich meinen geliebten Jüngern gesagt, die ich fürwahr nicht zu
zeitlichen Lustbarkeiten gesendet habe, sondern zu
großen Kämpfen; nicht zu Ehren, sondern zu Schmähungen; nicht zum Müßiggange, sondern zu Mühen;
nicht zur Ruhe, sondern um viele Frucht zu bringen
in Geduld. Sei eingedenk, mein Sohn, dieser Worte!

Das einunddreißigste Kapitel

Wie man alle Geschöpfe entlassen soll, um den Schöpfer zu finden

Herr, ich bedarf noch größerer Gnade, soll ich dahin gelangen, wo mich Niemand und keine Kreatur wird finden können. Denn so lange irgend eine Sache mich zurückhält, kann ich nicht frei zu Dir auffliegen. Jener begehrte freien Flug, der da sprach: „Wer wird mir Gefieder gleich der Taube geben, denn ich will fliegen und ausruhen." Was ist ruhiger, als das Auge in Einfalt, und wer freier als der, so nichts begehrt auf Erden? Darum muß man über jede Kreatur hinansteigen, sich selbst vollkommen verlassen und im Geiste verzückt sehen, wie Du, der Schöpfer von Allen, mit der Kreatur nichts Gleiches hast. Wenn ein Mensch nicht ledig ist von allen Kreaturen, so wird er nicht auf das Göttliche ausgerichtet sein können. Denn deshalb werden der Beschaulichen so wenige gefunden, weil wenige nur vollkommen von dem Vergänglichen und den Kreaturen sich zu scheiden wissen.

Hierzu wird große Gnade erfordert, daß sie die Seele erhebe und über sich selbst verzücke. Und wenn der Mensch nicht im Geiste erhoben und von allen Kreaturen befreit und mit Gott ganz geeint ist: was immer er dann auch wissen, was er auch besitzen mag, es ist von keinem großen Gewicht. Der wird lange klein bleiben und untenliegen, der etwas hochschätzt außer das eine, unermeßliche, ewige Gut. Denn Alles, was nicht Gott ist, das ist nichts und soll für nichts geschätzt werden. – Es ist nämlich ein großer Unterschied zwischen der Weisheit eines erleuchteten und andächtigen Mannes und der Wissenschaft eines gelehrten und studierenden Geistlichen. Viel edler ist ja die Lehre, die von oben aus göttlicher Eingebung herabfließt, als jene, die, welche durch menschlichen Verstand erworben wird.

Man findet Manche, die Beschaulichkeit begehren, aber bemühen sich nicht sie zu üben, was dazu gefordert wird. Ein großes Hindernis dabei ist, daß man bei Zeichen und sinnlichen Dingen stehen bleibt, und wenig von vollkommener Abtötung hält. Ich weiß nicht, wie es damit steht, und von welchem Geiste wir geführt werden, und was wir, die wir dem Ansehen nach geistliche Menschen genannt werden, vorschützen, wenn wir große Mühe und noch größere Sorge auf vergängliche und geringe Dinge aufwenden und über unser Inneres kaum oder selten mit völlig gesammelten Sinnen nachdenken.

Aber ach! Nach einer mäßigen Sammlung, sogleich stürzen wir uns in Äußerlichkeiten und wägen unsere Werke nicht in strenger Prüfung ab. Wo unsere Begierden liegen, das merken wir nicht, und wie unlauter all das Unsere ist, beweinen wir nicht. Alles Fleisch ging ja seinen Weg des Verderbens, und deswegen folgte die große Süntflut. Da also unser inneres Gemüt sehr verderbt ist, so muß dann notwendig auch die folgende Handlung, die von dem Mangel innerer Lebenskraft Zeugnis gibt, verderbt sein. Einem lauteren Herzen entsproßt die Frucht eines guten Lebens.

Wie viel Großes einer verrichtet, darnach wird gefragt; wie groß aber die Tugend, woraus er wirkt, wird nicht so eifrig erwogen. Ob er tapfer war, reich, schön, gewandt oder ein guter Schriftsteller, ein guter Sänger oder ein guter Arbeitsmann, darnach wird geforscht; wir arm er aber im Geiste sei, wie geduldig und sanft, wie andächtig und innerlich, darüber wird von Vielen geschwiegen. Die Natur blickt auf das Äußere des Menschen, die Gnade wendet sich zum Innern. Jene wird häufig getäuscht, diese hofft auf Gott, damit sie nicht betrogen werde.

Das zweiunddreißigste Kapitel

Von der Verleugnung seiner selbst und dem Lossagen von aller Begierde

Sohn, du kannst die Freiheit nicht vollkommen besitzen, wenn du dich nicht gänzlich selbst verleugnest. Denn gefesselt sind alle Eigensüchtigen und Eigenliebigen, alle Begierlichen, Fürwitzigen, Herumschweifenden, die allweg Weichliches suchen, und nicht das, was Jesu Christi ist, sondern oft erdichten und sinnen, was keinen Bestand haben wird. Denn Alles wird untergehen, was nicht aus Gott entsprungen. Bewahre dies kurze und in sich vollendete Wort: „Laß Alles fahren, und du wirst Alles finden; verlaß die Begierde, und du wirst Ruhe finden." Dies durchdenke im Geiste, und wenn hast du es erfüllt, wirst du Alles erkennen.

Herr, dies ist nicht das Werk eines Tages, noch ein Kinderspiel; vielmehr ist in diesem kurzen Worte alle Vollkommenheit geistlicher Menschen beschlossen.

Sohn, du mußt dich nicht abwendig machen lassen, noch niedergeschlagen werden, so bald du von dem Wege der Vollkommenheit gehört hast; sondern sollst zu Höherem dich aufgefordert fühlen, und mindestens darnach aus Verlangen seufzen. Wenn es doch so mit dir stünde, und du dahin gelangt wärst, daß du nicht eigenliebig wärest, sondern nach meinem und dem Winke meines Vaters, den ich dir vorgestellt habe, dich verhieltest; dann würdest du Mir gar sehr gefallen und all dein Leben würde in Freude und Frieden dahingehen. Du hast noch Vieles zu verlassen; und wenn du nicht meinetwegen darauf verzichtest, wirst du das nicht erlangen, was du begehrst. Ich rate dir, von Mir geläutertes Gold zu kaufen, auf daß du reich werdest, an himmlischer Weisheit nämlich, die alles Niedere in den Staub tritt. Setze alle irdische Weisheit hintan, und auch alles menschliche und eigene Gefallen.

Ich habe dir gesagt: du sollst weniger ausgeben für das, was an den Dingen der Menschen kostbar und erhaben ist; leider scheint gar billig und klein und fast der Vergessenheit anheimgegeben die wahrhaft himmlische Weisheit, die von sich selbst nicht hoch denkt, noch ihre Verherrlichung auf Erden sucht; deren Preis Viele zwar mit dem Munde verkünden, und doch weit im Leben von ihr abweichen; sie selbst jedoch ist eine köstliche, eine Vielen verborgene Perle.

Das dreiunddreißigste Kapitel

Von der Unstetigkeit des Herzens, und daß man sein Endziel in Gott haben soll

Sohn, glaube nicht deiner Neigung, die jetzt ist und bald sich gewandelt. Denn so lange du lebst, bist du der Wandelbarkeit auch wider Willen unterworfen, so daß du bald heiter bald traurig, bald zufrieden bald beunruhigt, jetzt andächtig jetzt unandächtig, jetzt eifrig jetzt überdrüssig, jetzt ernst jetzt leichtfertig dich findest. Ein Weiser aber und im rechten Geiste Gelehrter steht über diesem Wandelbaren, und merkt nicht darauf, was er in sich empfindet, noch woher der Wind der Unbeständigkeit weht, sondern achtet darauf, daß das ganze Streben seines Gemütes ihn zu dem gebotenen besten Ziele fördere. Denn nur so wird er stets unerschütterlich bleiben können, um das Auge in einfacher Absicht durch so vielerlei Zufälle hindurch unablässig auf Mich gerichtet zu halten.

Je lauterer aber Auge und Absicht ist, um so fester wandelt man bei den verschiedenen Stürmen. Aber bei Vielen sind Auge und Absicht umnachtet, weil sie zu schnell nach etwas Ergötzlichem hinblicken, was ihnen begegnet; denn selten nur wird einer ganz frei von dem Makel der Eigensucht gefunden. So kamen die Juden einst nach Betanien zu Martha und Maria nicht allein wegen Jesu, sondern auch um den Lazarus zu sehen. Reinigen soll man darum Auge und Absicht, auf daß sie einfach seien und gerade, und über die mancherlei Dinge hinweg mitten auf Mich sich richten.

Das vierunddreißigste Kapitel

Daß Gott dem Liebenden vor Allem und über Alles geht

Siehe, Du bist mein Gott und mein Alles! Was will ich weiter? Und was kann ich Seligeres verlangen? O Wort, wohlschmeckend und süß, doch nur für den, der das Wort, nicht die Welt liebt, noch die Dinge, die in der Welt sind. Mein Gott und mein Alles! Für den Einsichtigen ist's genug gesagt, und es oft zu wiederholen, ist für den Liebenden eine Wonne. Denn wenn

Du zugegen, dann ist Alles voll Wonne; bist aber Du fern, dann ist mir Alles verleidet. Du machst ein ruhig Herz und großen Frieden und festliche Fröhlichkeit. Du machst, daß man gut denke von Allem, und in Allem Dich preise. Und ohne Dich kann kein Ding lange gefallen; soll es angenehm sein und voll Wohlgeschmack, dann muß Deine Gnade zugegen sein, und es muß mit der Würze Deiner Weisheit gewürzt werden.

Wem Du voll Wohlgeschmack bist, was mag dem übel schmecken und wem Du nicht zusagst, was kann dem noch recht zur Lust sein? Aber vor Deiner Weisheit schwinden die Weisen der Welt und jene, die an der Fleischlichkeit Wohlgefallen finden; denn bei jenen wird gar viel Eitelkeit gefunden und bei diesen der Tod. Jene aber, welche Dir in Verachtung weltlicher Dinge und Abtötung des Fleisches nachfolgen, werden als wahrhaft Weise erkannt, weil sie von der Eitelheit zur Wahrheit und von dem Fleische zum Geiste geleitet werden. Ihnen ist Gott voll Süßigkeit, und was immer in den Kreaturen sich findet, wandeln sie in das Lob des Schöpfers um. Doch ist ungleich, ja sehr ungleich das Gefallen am Schöpfer und am Geschöpf an der Ewigkeit und der Zeitlichkeit, am ungeschaffenen Licht und am geschaffenen Licht.

O immerwährendes, alle geschaffenen Lichter übertreffendes Licht! blitze aus der Höhe wie ein Wetterleuchten, das meines Herzens Innerstes durchdringe. Läutere, erheitere, verkläre und belebe meinen Geist mit seinen Kräften, daß er Dir anhange in jubelndem Entzücken. O wann wird die selige ersehnte Stunde kommen, wo mich Deine Gegenwart sättigt und Du mir Alles in Allem bist! So lange mir dies nicht gegeben, wird meine Freude nicht vollkommen sein. Noch lebt in mir, leider ach der alte Mensch, noch ist er nicht ganz gekreuzigt, nicht vollkommen erstorben; noch hat er starke Begierlichkeiten entgegen dem Geiste, erregt innere Kämpfe und läßt der Seele Reich nicht in Frieden ruhen.

Aber Du, der Du herrschest über des Meeres Macht und die Bewegung seiner Fluten sänftigst, erhebe Dich, stehe mir bei! Zerstreue die Völker, die nach Krieg begehren, zermalme sie in Deiner Kraft! Zeige, ich flehe, die Wunder Deiner Allmacht, damit Deine Rechte verherrlicht werde; denn keine andere Hoffnung noch Zuflucht habe ich, als zu Dir, Herr mein Gott!

Das fünfunddreißigste Kapitel

Daß es keine Sicherheit in diesem Leben vor der Versuchung gibt

Sohn, du bist nie sicher in diesem Leben, sondern so lange du lebst, hast du geistliche Waffen nötig. Du wandelst unter Feinden, und wirst von der Rechten und der Linken angefochten. Wenn du darum dich nicht des Schildes der Geduld überall bedienst, wirst du nicht lange unverwundet bleiben. Wenn du überdies dein Herz nicht fest auf Mich gründest mit dem aufrichtigen Willen, meinetwegen Alles zu erdulden, so wirst du die Kampfeshitze nicht ertragen können, noch zur Palme der Seligen gelangen. Darum mußt du nämlich durch Alles hindurchgehen und einer starken Hand dich wider die Hindernisse bedienen. Denn dem Sieger wird das Himmelbrot gegeben, dem Trägen aber viel Elend bleiben.

Suchst du in diesem Leben Ruhe, wie wirst du dann zur ewigen Ruhe gelangen? Mache dich nicht gefaßt auf viele Ruhe, sondern auf große Geduld. Suche den wahren Frieden nicht auf Erden, sondern im Himmel, nicht bei den Menschen und den übrigen Geschöpfen, sondern in Gott allein. Um der Liebe Gottes willen sollst du Allem gern dich unterziehen, den Mühen nämlich und Schmerzen, den Versuchungen und Plagen, den Ängsten und Nöten, den Krankheiten, Unbilden, Widersprüchen, Rügen, Demütigungen, Beschämungen, Zurechtweisungen und jeder Verachtung. Dies hilft zur Tugend, dies bewährt den Kampfjünger Christi, dies vollendet die himmlische Krone. Ich werde ihm ewigen Lohn erstatten für kurze Mühe, und unendliche Ehre für vergänglichen Schimpf.

Meinst du, daß du allezeit nach deinem Willen geistliche Tröstungen haben wirst? Meine Heiligen hatten dergleichen nicht immer, sondern viele Beschwerden und mancherlei Versuchungen und große Trostlosigkeit; aber sie hielten in Allem geduldig aus, und vertrauten Gott mehr als sich, wohl wissend, daß die Leiden dieser Zeit nicht würdig sind, damit die künftige Glorie zu verdienen. Willst du sogleich haben, was Viele nach vielen Tränen und großen Arbeiten kaum erlangten? Harre des Herrn, handle männlich und erstarke, wolle nicht verzagen, nicht ablassen, sondern setze Leib und Seele standhaft daran für Gottes Ehre. Ich werde auf's reichlichste vergelten, Ich werde mit dir sein in jeder Bedrängnis.

Das sechsunddreißigste Kapitel

Wider die eitlen Urteile der Menschen

Sohn, gründe dein Herz fest in Gott und fürchte nicht menschliches Urteil, wenn dich das Gewissen für rein und schuldlos erklärt. Gut ist's und selig, also zu leiden; einem demütigen Herzen, das Gott mehr als sich selbst vertraut, wird es nicht schwer sein. Viele reden viel, und darum ist ihnen wenig zu glauben. Aber auch Allen zu genügen, ist nicht möglich. Und wenn Paulus sich bestrebte, Allen im Herrn zu gefallen, und Allen Alles zu werden, so achtete er es doch gar gering, von einem menschlichen Richter gerichtet zu werden.

Er wirkte genug für Erbauung und Heil Anderer,

so viel an ihm war und er vermochte; daß er aber von Andern gerichtet und verachtet wurde, konnte er nicht hindern. Darum befahl er Alles Gott, der Alles kannte, und mit Geduld und Demut verteidigte er sich gegen den Mund derer, die Ungerechtes sprachen, oder Nichtiges und Lügenhaftes dachten und Alles nach Belieben herbeibrachten. Er antwortete jedoch zuweilen, damit den Schwachen seiner Schweigsamkeit wegen kein Ärgernis verursacht würde.

Wer bist du, daß du dich vor einem sterblichen Menschen fürchtest? Heute ist er noch, doch morgen erscheint er nimmer. Fürchte Gott, und du wirst vor dem Drohen der Menschen nicht erbeben! Was vermag einer schon wider dich mit Worten oder Schmähungen? Er schadet sich mehr als dir, und wird dem Gerichte Gottes nicht entrinnen können, wer immer er auch sei. Du habe Gott vor Augen und wolle nicht mit mürrischen Worten streiten. Wenn du dem gemäß für den Augenblick zu unterliegen scheinst, um eine Beschämung zu erdulden, die du nicht verdient hast, so werde darüber nicht ärgerlich, noch mindere nicht durch Ungeduld deine Krone; sondern blicke vielmehr auf Mich zum Himmel, der ich aller Beschimpfung und Kränkung dich zu entreißen und einem Jeden nach seinen Werken zu vergelten vermag.

Das siebenunddreißigste Kapitel

Von der lauteren und ungeteilten Selbstentsagung,
um die Freiheit des Herzens zu erlangen

Sohn, verlasse dich, und du wirst Mich finden; halt
dich frei von Vorliebe auf Eigentum, und du wirst allweg gewinnen. Denn dir wird von Stund' an größere
Gnade zugeteilt werden, so bald du auf dich verzichtest und dich nicht wieder genommen hast.

Herr, wie oft soll ich auf mich verzichten, und wo-
rinnen mich verlassen?

Immer und zu jeder Stunde; wie im Kleinen, so
auch im Großen. Nichts nehme ich aus, sondern Ich
will, daß du in Allem entblößt befunden werdest. Wie
könntest du auch anders mein und Ich dein sein, würdest du nicht all deines Eigenwillens inwendig und
auswendig entblößt? Je behender du das tust, um so
wohler wird dir sein; und je vollkommener und lauterer, um so mehr wirst du Mir gefallen, und um so
reichlicheren Gewinn haben.

Einige verzichten auf sich, jedoch mit einem Vorbe-
halte: denn sie vertrauen nicht völlig auf Gott; darum
sind sie bemüht sich vorzusehen. Einige bringen auch
zuerst das Ganze dar; aber darnach, wenn die Versuchung sie bedrängt, kehren sie zu dem Eigenen zurück; deswegen nehmen sie auch nicht in der Tugend
zu. Solche werden nicht zu wahrer Freiheit eines reinen Herzens und zur Gnade meiner fröhlichen Ver-

trautheit gelangen, wenn sie nicht gänzlichen Verzicht und tägliche Selbstaufopferung vollbracht haben, ohne welche eine selige Einigung weder besteht noch bestehen wird.

Ich habe dir gar oft gesagt und sage es wiederum: Verlasse dich selbst, verzichte auf dich, und du wirst großen innerlichen Frieden genießen. Gib Alles hin für Alles, nimm nichts davon aus, fordre nichts zurück, stütze dich lauter und beharrlich auf Mich, und du wirst Mich besitzen. Du wirst frei sein im Herzen, und Finsternis wird dich nicht überwältigen. Hiernach ring, hierum bete, hiernach verlange: wie du aller Eigenheit könnest entblößt werden, um nackt dem nackten Jesus nachzufolgen, dir zu sterben und Mir ewig zu leben. Dann werden alle nichtigen Einbildungen, böse Störungen und überflüssige Sorgen aufhören. Dann wird auch die ungemäßige Furcht entweichen und die ungeordnete Liebe ersterben.

Das achtunddreißigste Kapitel

Wie man die äußerlichen Dinge beherrschen und in Gefahren seine Zuflucht zu Gott nehmen soll

Sohn, darnach mußt du fleißig streben, daß du allerorts bei jeder Handlung und Beschäftigung innerlich frei seist, und deiner selbst mächtig, und Alles dir unterworfen sei und du nicht ihm; daß du Herr seist deiner Handlungen, ihr Lenker, nicht ihr Sklave noch ihr Mietknecht, sondern ein freigelassener und wahrer Hebräer, der eintritt in das Los und die Freiheit der Kinder Gottes, die über dem Gegenwärtigen stehen und nach dem Ewigen spähen; die das Vergängliche mit dem linken Auge anblicken und mit dem rechten das Himmlische; die das Zeitliche, ihm nachzuhangen nicht anzieht, sondern die es vielmehr selbst an sich ziehen, auf daß es gute Dienste leiste, wozu es von Gott, von dem höchsten Werkmeister geordnet und eingerichtet worden, der nichts in seiner Schöpfung ungeordnet ließ. Wenn du dich aber bei jedem Ereignisse nicht an die äußere Erscheinung hältst, noch mit dem fleischlichen Auge das Gesehene oder das Gehörte erforschest, sondern in jeder Sache eilends mit Moses in die Stiftshütte gehst, den Herrn zu befragen: so wirst du manchmal eine göttliche Antwort vernehmen, und über Gegenwärtiges und Künftiges unterrichtet, zurückkehren. Denn Moses nahm allezeit seine Zuflucht zu der Stiftshütte, um seine Zweifel und Fragen zu lösen, und floh zu des Gebetes Beistand, um die Gefahren und Bosheiten der Menschen abzuwenden. So sollst auch du in die Heimlichkeit deines Herzens fliehen und inständiger die göttliche Hilfe anrufen. Denn deswegen liest man, wie Josua und die Söhne Israels von den Gabaoniten betrogen wurden, weil sie den Herrn vorher nicht befragt hatten, sondern gegen süße Reden allzugläubig, durch falsche Milde betrogen worden sind.

Das neununddreißigste Kapitel

Daß der Mensch in seinen Geschäften nicht ungestüm sei

Sohn, überlasse Mir stets deine Angelegenheit, Ich werde sie wohl ausrichten zu ihrer Zeit. Harre meiner Anordnung und du wirst den guten Verlauf gewahren.

Herr, gern überlasse ich Dir alle Angelegenheiten, weil mein Sinnen wenig frommen mag. O daß ich doch nicht den künftigen Ereignissen anhinge, sondern mich deinem Wohlgefallen unverweilt und ohne Zögern aufopferte!

Mein Sohn, oft betreibt der Mensch jene Sache eifrig, danach ihn verlangt; hat er sie aber erreicht, alsbald fängt er an anders zu denken; denn die Neigungen sind hinsichtlich derselben Dinge nicht beständig, sondern sie treiben von Einem zum Andern. Darum ist es nicht das Kleinste, auch in dem Kleinsten auf sich zu verzichten.

Des Menschen wahrer Fortschritt ist die Verleugnung seiner selbst; ein Mensch, der sich verleugnet hat, ist sehr frei und sicher. Aber der alte Feind, der allem Guten widerstrebt, läßt von der Versuchung nicht ab; Tag und Nacht bereitet er schwere Nachstellungen, ob er den Unbehüteten in die Schlinge des Betruges stürzen kann. Wachet und betet, spricht der Herr, daß ihr nicht in Versuchung kommet.

Das vierzigste Kapitel

Daß der Mensch nichts Gutes aus sich hat, und sich keines Dinges rühmen kann

Herr, was ist der Mensch, daß Du seiner eingedenk bist, oder des Menschen Sohn, daß Du ihn heimsuchst? Wodurch hat der Mensch verdient, daß Du ihm deine Gnade verleihst? Herr, wie darf ich klagen, wenn Du mich verläßt; oder was kann ich mit Recht einwenden, wenn Du nicht tust, was ich begehre? Gewiß, dies kann ich in Wahrheit denken und sagen: Herr, nichts bin ich, nichts vermag ich, nichts Gutes habe ich aus mir; sondern in Allem bin ich mangelhaft und strebe immer nach dem Nichts. Und wenn Du mich nicht unterstützest und innerlich unterweisest, werde ich ganz lau und ausgelassen.

Du aber, Herr, bist immer derselbe und bleibst es in Ewigkeit; allezeit bist Du gut und gerecht und heilig; gut, gerecht und heilig vollbringst Du und ordnest alles in Weisheit. Ich aber, mehr zum Rückgang denn zum Fortschritt geneigt, bin nicht immer in demselben Zustande; denn: siebenmal wechseln die Zeiten über mir. Bald jedoch wird es besser, wenn es Dir gefällt und Du deine hilfreiche Hand ausstreckst, weil Du allein mir ohne menschlichen Beistand wirst helfen und mich also befestigen können, daß meine Ansicht sich fortan nicht ändert, sondern mein Herz zu Dir sich kehrt und in Dir ruht.

Verstände ich daher recht, alle menschlichen Tröstungen zu verwerfen, sei's nun, um Andacht zu gewinnen, sei's der Not wegen, durch die ich getrieben
werde, Dich zu suchen, weil es keinen Menschen gibt,
der mich trösten kann: dann könnte ich wohl auf
deine Gnade hoffen und über die Gabe neuer Tröstung frohlocken.

Dir, von dem Alles herkommt, sage ich Dank, so
oft es mir wohl ergeht. Ich aber bin voll Eitelkeit und
gar nichts von Dir, bin ein unbeständiger und schwa-
cher Mensch. Wessen kann ich mich rühmen? oder
warum begehre ich hochgeschätzt zu werden? Etwa
der Nichtigkeit wegen? Das wäre das Eitelste. Wahrlich, nichtige Ehre ist eine böse Pest und die größte
Eitelkeit, weil sie abzieht von wahrer Ehre und
himmlischer Gnade beraubt. Denn während der
Mensch sich selbst gefällt, mißfällt er Dir; während er
lechzet nach menschlichem Lobe, wird er aller wahren Tugenden entblößt.

Das aber ist wahrhafte Ehre und heiliges Frohlok-
ken, sich nur Deiner zu rühmen und nicht seiner
selbst, sich zu freuen in Deinem Namen, nicht an der
eigenen Tugend, und sich an keiner Kreatur zu ergötzen außer Deinetwegen. Gepriesen werde Dein
Name, nicht der meine; verherrlicht werde Dein
Werk, nicht das meine; gebenedeit Dein heiliger
Name, nicht der meine, doch nichts werde mir von
menschlichem Lobe zuteil. Du bist meine Ehre, Du
das Frohlocken meines Herzens. In Dir werde ich

mich rühmen und frohlocken den ganzen Tag, nicht aber meiner selbst, außer meiner Schwächen will ich mich nicht rühmen.

Es mögen die Juden die Ehre suchen, welche einer dem anderen gibt; ich will jene suchen, welche allein von Gott kommt. Denn alle menschliche Ehre, alle zeitliche Würde, alle Hoheit der Welt ist, mit der ewigen Ehre verglichen, Eitelkeit und Torheit. O meine Wahrheit und meine Barmherzigkeit, mein Gott, Du selige Dreifaltigkeit! Dir allein sei Lob, Kraft und Ehre und Glorie ohne Ende, in alle Ewigkeit!

Das einundvierzigste Kapitel

Von der Verachtung aller zeitlichen Ehre

Sohn, laß es dir nicht zu nahe gehen, siehst du Andere geehrt und erhoben, dich aber verachtet und gedemütigt. Richte dein Herz zu Mir gen Himmel, und es wird die Verachtung der Menschen auf Erden dich nicht betrüben.

Herr, in Blindheit leben wir, und werden von der Eitelkeit alsbald verführt. Wenn ich recht bedenke, so ist mir nie ein Unrecht von irgend einer Kreatur geschehen, daher ich kein Recht habe, wider Dich zu klagen; weil ich aber oft und schwer gegen Dich gesündigt habe, so waffnet sich rechtens jede Kreatur wider mich. mir also gebührt mit Recht Beschimpfung und Verachtung, Dir aber Preis, Ehre und Glorie. Und bin ich nicht hierauf vorbereitet, daß ich gern von jeder Kreatur verachtet und verlassen werden und gänzlich nichts scheinen will, so kann ich innerlich nicht befriedigt und gefestigt, noch geistlich erleuchtet und mit Dir völlig vereinigt werden.

Das zweiundvierzigste Kapitel

Daß man den Frieden nicht auf die Menschen bauen soll

Sohn, gründest du deinen Frieden auf irgend Jemand, nur deiner Gesinnung oder deines Zusammenlebens wegen, so wirst du unstet und unfrei sein. Nimmst du aber deine Zuflucht zu der immer lebenden und dauernden Wahrheit, so wird dich kein scheidender oder sterbender Freund betrüben. In Mir muß Freundesliebe begründet sein, und Meinetwegen ist jeder zu lieben, der dir gut scheint und sehr wert in diesem Leben ist. Ohne Mich ist die Freundschaft kraftlos und wird nicht dauern, noch ist es auch eine wahre und reine Liebe, wenn nicht Ich sie knüpfe. So abgestorben sollst du allen Neigungen zu geliebten Menschen sein, daß du, soviel es dich betrifft, ohne alle menschliche Gemeinschaft sein möchtest. Der Mensch kommt Gott um so viel näher, je weiter er von jedem menschlichen Troste sich entfernt. Um so viel höher auch steigt er zu Gott hinan, je tiefer er in sich hinabsteigt und in sich selbst geringer wird.

Wer aber sich selbst etwas Gutes zueignet, der hindert den Zugang göttlicher Gnade, weil die Gnade des heiligen Geistes allezeit ein demütiges Herz suchet. Wüßtest du dich vollkommen für Nichts zu halten und aller erschaffenen Liebe zu entledigen, dann müßte Ich mit großer Gnade in dich einströmen. Wenn du dein Auge auf die Kreaturen hältst, wird dir der Anblick des Schöpfers entzogen. Lerne dich in Allem des Schöpfers wegen überwinden, dann wirst du zur göttlichen Erkenntnis gelangen können. Wie wenig es auch sei, was unordentlich geliebt und berücksichtigt wird, es hält doch zurück vom höchsten Gute und entwürdigt dich.

Das dreiundvierzigste Kapitel

Wider eitle und weltliche Wissenschaft

Sohn, laß dich nicht von schönen und scharfsinnigen Reden der Menschen bewegen; denn das Reich Gottes besteht nicht in der Rede, sondern in der Tugend. Merk' auf meine Worte, welche die Herzen entzünden und die Geister erleuchten, Reue herbeiführen und mancherlei Tröstungen eingeben. Niemals lies darum ein Wort, damit du gelehrter oder weiser scheinen könntest, sondern bemühte dich um Abtötung der Laster, weil dies dir mehr nützen wird als die Kenntnis vieler schwierigen Fragen.

Wenn du viel gelesen und gelernt hast, so mußt du immer zu einem einzigen Urgrunde zurückkommen. Ich bin's, der die Menschen die Wissenschaft lehrt, und ich erteile auch den Kleinen klarere Einsicht, als sie von Menschen gelehrt werden kann. Zu wem Ich spreche, der wird alsbald weise und im Geiste sehr zunehmen. Wehe jenen, die mancherlei Fürwitziges von den Menschen erfragen, und um den Weg, wie Mir zu dienen sei, wenig sich kümmern. Es wird die Zeit kommen, wo erscheinen wird der Meister aller Meister, Christus, der Herr der Engel, um eines Jeden Lektion zu hören, das heißt, eines Jeden Gewissen zu erforschen; und dann wird Jerusalem mit Leuchten durchforscht werden, und das in der Finsternis Verborgene wird offenbar werden, und die Beweise der Zungen werden verstummen.

Ich bin's, der in einem Augenblicke ein demütig Gemüt erhöhet, daß es mehr Verständnis der ewigen Wahrheit empfängt, als wenn einer zehn Jahre in den Schulen studiert hätte. Ich lehre ohne Geräusch der Worte, ohne Verwirrung der Meinungen, ohne Gepräng der Ehre, ohne Streit der Beweise. Ich bin's, der das Irdische verachten lehrt, das Gegenwärtige verschmähen, das Ewige suchen, am Ewigen Geschmack finden, die Ehren fliehen, die Ärgernisse ertragen, alle Hoffnung auf mich setzen, außer Mir nichts begehren und über Alles inbrünstig Mich lieben.

Denn jener, der Mich innigst liebt, lernt dadurch göttliche Dinge und redet Wunderbares. Er gewann mehr, indem er Alles verließ, als wenn er tiefsinnige Dinge studiert hätte. Ich rede aber zu den einen von allgemeinen, zu den anderen von besonderen Dingen. Den einen erscheine ich in lieblichen Zeichen und Bildern, andern offenbare ich Mysterien in hellem Lichte. Die Bücher haben eine Stimme, aber diese unterweist nicht alle auf gleiche Weise, weil Ich der innerliche Lehrer der Wahrheit bin, der Erforscher der Herzen, der Erkenner der Gedanken, der Förderer der Handlungen, der ich jeglichem zuteile, wie ich es für würdig halte.

Das vierundvierzigste Kapitel

Daß man sich die äußerlichen Dinge nicht zu Herzen nehmen soll

Sohn, in Vielem hast du es nötig, unwissend zu sein und dich für einen, der gleichsam auf Erden gestorben und dem die ganze Welt gekreuzigt ist zu halten. Durch Vieles mußt du auch mit taubem Ohr hindurch gehen, und vielmehr dessen gedenken, was deinem Frieden dient. Es ist nützlicher, die Augen von mißfälligen Dingen abzuwenden, und jedem seine Meinung zu lassen, als ihn mit streitsüchtigen Worten übel zu bedienen. Wenn du mit Gott gut stehst und auf sein Gericht hinblickest, so wirst du es leichter ertragen, überwunden zu werden.

O Herr! wie weit sind wir gekommen! Siehe, ein zeitlicher Verlust wird beweint, für einen mäßigen Gewinn müht und läuft man sich ab, geistlicher Schaden kommt in Vergessenheit, und kehrt kaum spät um. Was wenig oder nichts nützt, darnach wird gestrebt, und was am meisten nötig ist, wird nachlässig übergangen, weil der ganze Mensch im Äußerlichen aufgeht, und, wenn er nicht alsbald zur Besinnung kommt, leicht in dem Äußeren erliegt.

Das fünfundvierzigste Kapitel

Daß man nicht jedem glauben soll, und wie leicht man in Worten zu Falle kommt

Verleihe mir Hilfe, Herr, in der Drangsal, denn eitel ist Rettung durch Menschen. O wie oft habe ich da keine Treue gefunden, wo ich sie zu haben wähnte; wie oft auch habe ich sie da getroffen, wo ich sie am wenigsten vermutete. Eitel ist daher die Hoffnung auf Menschen, das Heil der Gerechten aber ist in Dir, o Gott, gegründet. Gebenedeit seist du, Herr und Gott, in Allem, was uns begegnet. Schwach sind wir und unbeständig, schnell werden wir betrogen und verdreht.

Wer ist der Mensch, der also behutsam und umsichtig sich zu bewachen vermag, daß er auch nicht einmal in irgend eine Täuschung oder Verwickelung kommt? Aber wer auf Dich, Herr, vertraut und Dich mit einfältigem Herzen sucht, wird nicht leicht fallen. Und gerät er in eine Bedrängnis: wie er auch immer darin verwickelt sein mag, so wird er gar bald von Dir herausgerissen oder getröstet, weil Du den, der auf Dich hofft, nicht verlässest bis zum Ende. Ein treuer Freund, der in allen Bedrängnissen des Freundes ausharrt, ist selten. Du Herr, Du allein bist der Getreue in allem, und außer Dir ist kein anderer Dir gleich.

O wie gar weise war jene Seele, die da sagte: *Mein Gemüt ist gefestigt und gegründet in Christus.* Stände es so mit mir, dann würde mich nicht so leicht Menschenfurcht bekümmern, noch die Pfeile von Worten mich bewegen. Wer vermag Alles vorauszusehen, wer sich vor allen künftigen Übeln sicher zu stellen? Wenn das Vorausgesehene oft verletzt, was kann das Unvorausgesehene anders als schwer verwunden? Aber warum habe ich Elender mich nicht besser vorgesehen? warum habe ich auch anderen so leicht geglaubt? Aber wir sind Menschen, und sind nichts anders als gebrechliche Menschen, ob wir auch von Vielen für Engel geschätzt und so genannt werden. – Wem soll ich glauben, Herr? Wem soll ich mehr glauben als Dir? Du bist die Wahrheit, die nicht betrügt, noch betrogen werden kann. Und wiederum, jeder Mensch ist lügenhaft, schwach, unbeständig, dem

Falle ausgesetzt, allermeist in seinen Worten, so daß man nicht alsogleich das glauben darf, was dem Anscheine nach wahr zu lauten scheint.

Wie weise hast Du im voraus gewarnt, daß man vor den Menschen sich hüte, und daß des Menschen Feinde die eigenen Hausgenossen sind, und man nicht glauben soll, wenn einer spricht: Schau hier, oder: schau dort. Ich bin durch meinen Schaden gewitzigt worden; ach, daß es mir zu größerer Behutsamkeit und nicht zur Torheit gereiche! Sei behutsam, sagte einer, sei behutsam; behalte für dich, was ich dir sage; und dieweil ich schweige und es als geheim glaube, kann er nicht schweigen, was er zu verschweigen hat, sondern verriet sogleich mich und sich, und ging davon. Vor dergleichen Schwätzern und unbehutsamen Menschen bewahre mich, Herr, auf daß ich nicht in ihre Hand falle, und daß ich niemals dergleichen begehe. Ein wahrhaftig und beständig Wort verleihe meinem Munde und eine listige Zunge laß fern von mir sein. Was ich selbst nicht erleiden will, bin ich schuldig, in jeder Weise es zu tun zu vermeiden.

O wie gut und friedenbereitend ist es, über andere zu schweigen, und nicht alles ohne Unterschied zu glauben, nicht leichtsinnig weiter zu sagen, Wenigen sich zu offenbaren, Dich, den Durchschauer der Herzen immer zu suchen und nicht von jedem Winde der Worte sich hin und her treiben zu lassen, sondern zu wünschen, daß alles, das Innerste wie das Äußerliche, nach dem Wohlgefallen Deines Willens vollbracht werde. Wie sicher ist es zur Bewahrung der himmlischen Gnade, das Aufsehen vor den Menschen zu fliehen, und dessen nicht zu begehren, was äußerlich Bewunderung zu gewähren scheint, sondern dem mit ganzem Fleiße nachzutrachten, was des Lebens Besserung und inbrünstigen Eifer verschafft. Wie Vielen hat es geschadet, daß ihre Tugend bekannt und vorschnell gepriesen wurde. Und wie hat's dagegen so sehr gefrommt, daß die Gnade verschwiegen gehalten wurde in diesem gebrechlichen Leben, von dem es heißt, daß es ganz und gar eine Versuchung und ein Kriegsdienst ist.

Das sechsundvierzigste Kapitel

Daß man auf Gott vertrauen soll, wenn verletzende Reden sich wider uns erheben

Sohn, stehe fest und hoffe auf Mich! Denn was sind Worte mehr als Worte? Sie fliegen durch die Luft, verletzen aber keinen Stein. Bist du schuldig, so denke, wie du dich wohl bessern willst. Bist du dir nichts bewußt, so stelle dir vor, wie du es gern für Gott ertragen willst. Wenig genügt es, daß du zuweilen noch Worte erträgst, der du noch keine harten Schläge zu ertragen vermagst. Und warum wohl gehen dir schon Kleinigkeiten zu Herzen, als deshalb, weil du noch fleischlich bist und auf die Menschen mehr merkst als du solltest? Denn weil du verachtet zu werden fürchtest, willst du nicht für deine Vergehen zurecht gewiesen werden, und suchst den Deckmantel der Entschuldigung. Aber blicke besser in dich hinein, und du wirst erkennen, daß noch in dir die Welt lebt, und die eitle Liebe, den Menschen zu gefallen. Da du dich noch scheust, herabgesetzt und für deine Fehler beschämt zu werden, so ist es offenbar, daß du nicht wahrhaft demütig bist, noch wahrhaft der Welt gestorben, noch dir die Welt gekreuzigt. Aber höre *Meine* Worte, und du wirst dich um zehntausend Worte der Menschen nicht kümmern. Siehe, würde alles über dich gesagt, was auf das boshafteste erdichtet werden könnte, was könnte es dir schaden, wenn du es gänzlich hingehen ließest, und es nicht mehr als einen Grashalm achtetest? Kann dies dir denn etwa ein einzig Haar krümmen?

Aber wer sein Herz nicht nach innen gekehrt noch Gott vor Augen hat, wird leicht durch ein Schmähwort bewegt. Wer aber auf Mich vertraut und nicht auf sein eigenes Urteil sich versteifen will, wird frei sein von Menschenfurcht; denn Ich bin ein Richter und Kenner aller Geheimnisse; Ich weiß, wie die Sache geschah; Ich kenne den Beleidiger und den Leidenden; von mir ging jenes Wort aus; mit Meiner Zulassung geschah dies, auf daß die Gedanken vieler Herzen offenbar würden. Ich werde den Schuldigen und den Unschuldigen richten, aber beide wollte Ich durch ein verborgenes Gericht vorher prüfen.

Der Menschen Zeugnis täuscht oft; Mein Gericht ist wahrhaftig, es wird bestehen und nicht umgestoßen werden. Es ist meist verborgen und nur Wenigen in Einzelnem offenbar; niemals aber irrt es, noch kann es irren, wenn es auch in den Augen der Unweisen nicht recht scheint. Zu Mir also muß man seine Zuflucht nehmen in jedem Gerichte, und sich nicht auf den eigenen Willen stützen: denn der Gerechte wird nicht zu Schanden werden, was ihm auch von Gott geschieht. Und wurde etwas ungerecht wider ihn vorgebracht, so wird es ihn wenig kümmern; er wird sich aber auch nicht eitel rühmen, wenn ihn andere mit Grund entschuldigen. Er erwägt nämlich, daß Ich Herzen und Nieren erforsche, der Ich nicht nach dem Angesichte und dem menschlichen Scheine urteile. Denn oft wird in meinen Augen etwas sträflich gefunden, was im Urteile der Menschen für lobwürdig gilt.

Herr, Gott! Du gerechter, starker und geduldiger Richter, der Du die Gebrechlichkeit und Bosheit der Menschen kennst, sei meine Stärke und all mein Vertrauen, denn mir genügt nicht mein Bewußtsein. Du weißt, was ich nicht weiß, und deswegen sollte ich mich bei jeder Zurechtweisung demütigen und sie sanftmütig ertragen. Verzeihe mir daher gnädig, so oft ich nicht also handelte, und schenke mir hinwiederum die Gnade größerer Geduld. Denn zuträglicher ist mir Deine reichliche Barmherzigkeit, um Nachsicht zu erlangen, als meine vermeintliche Gerechtigkeit, um mein verborgenes Gewissen zu verteidigen. Und wenn ich mir auch nichts bewußt bin, so kann ich mich doch damit nicht rechtfertigen; denn wo Deine Barmherzigkeit fern ist, wird kein Lebender vor Deinem Angesichte gerechtfertigt.

Das siebenundvierzigste Kapitel

Daß man alle Beschwerden um des ewigen Lebens willen ertragen soll

Sohn, laß die Mühen, die du um Meinetwillen auf dich genommen, deinen Mut nicht brechen, nach Drangsale dich irgendwie niederschlagen, sondern Meine Verheißung stärke und tröste dich bei jedem Vorfall. Ich bin mächtig genug, über alle Weise und alles Maß zu vergelten. Nicht lange wirst du dich hier abmühen, noch immerdar von Schmerzen beschwert werden. Warte eine kurze Weile, und du wirst schnell das Ende der Übel sehen. Es wird eine Stunde kommen, wo alle Arbeit und Verwirrung aufhört. Klein nur und von kurzer Dauer ist alles, was mit der Zeit vergeht. Tue nur was du tust, arbeite treulich in meinem Weingarten. Ich werde dein Lohn sein. Schreibe, lies, singe, seufze, schweige, bete, ertrage Widerwärtiges männlich; aller dieser Kämpfe und noch größerer ist das ewige Leben wohl wert. Kommen wird der Friede an jenem Tage, der dem Herrn bekannt ist. Es wird dann nämlich nicht Tag oder Nacht sein, wie in dieser Zeit, sondern immerwährendes Licht, endlose Klarheit, fester Friede und sichere Ruhe. Du wirst dann nicht sprechen: wer wird mich von diesem Leibe des Todes befreien, noch wirst du rufen: wehe mir, daß mein Wohnen hier sich verzögert hat! Denn der Tod wird vernichtet werden, und das Heil wird vollkommen sein, und keine Angst wird sein, sondern selige Wonne, süße und minnigliche Gesellschaft.

O hättest du die ewigen Kronen der Heiligen im Himmel gesehen, und in welcher Glorie jene jetzt frohlocken, die einst in dieser Welt als verächtlich und gleichsam des Lebens ganz unwürdig galten: gewiß, du würdest dich alsbald bis zur Erde beugen, und wünschen, lieber allen nachgesetzt als einem vorgesetzt zu sein, und dich würde nicht nach den fröhlichen Tagen dieses Lebens gelüsten; du würdest dich vielmehr freuen um Gottes willen Trübsal zu leiden, und für nichts geachtet zu werden unter den Menschen, das würdest du für den größten Gewinn achten.

O wenn du dies verständest und es dir tief zu Herzen ginge, wie würdest du dich getrauen, auch nur einmal zu klagen? Sind denn nicht alle Mühen für das ewige Leben erträglich? Es ist nichts Kleines, das Reich Gottes zu gewinnen oder zu verlieren. Erhebe daher dein Antlitz zum Himmel. Siehe, Ich und alle meine Heiligen mit Mir, die in dieser Welt großen

Kampf ausgestanden, freuen sich nun, sind nun getröstet, sind nun sicher, ruhen nun und werden ohne Ende in dem Reiche meines Vaters bei Mir bleiben.

Das achtundvierzigste Kapitel

Von dem Tage der Ewigkeit und den Bedrängnissen dieses Lebens

O seligste Wohnung in der hohen Stadt! O lichtester Tag der Ewigkeit, den keine Nacht verdunkelt, sondern die höchste Wahrheit allezeit durchscheinet! Du immer froher, du immer sicherer und nie in das Gegenteil dich umwandelnder Tag! O daß sein Licht schon angebrochen wäre, und all dies Zeitliche ein Ende genommen hätte! Er leuchtet zwar den Heiligen im Glanze immerwährender Klarheit, doch nur von ferne und durch einen Spiegel den Pilgern auf Erden.

Es wissen des Himmels Bürger, wie freudenreich *jener* Tag ist; es seufzen ins Elend gebannt, die Kinder Evas, die *dieser* so bitter und notvoll ist. Die Tage dieser Zeit sind kurz und böse, voll Schmerzen und Ängsten; da wird der Mensch mit vielen Sünden verunreinigt, von vielen Leidenschaften umgarnt, von vieler Furcht gedrückt, von vielen Sorgen zerrissen, von mancherlei Neugier zerstreut, von vielen Eitelkeiten umstrickt, von vielen Irrtümern umringt, von vielen

Mühen aufgerieben, von Versuchungen beschwert, von Wollüsten entkräftet, von Armut gemartert.

O wann wird das Ende dieser Übel kommen? Wann werde ich befreit werden von der elenden Knechtschaft der Laster? Wann werde ich, o Herr, Deiner allein gedenken? Wann vollauf in Dir mich freuen? Wann werde ich ohne alle Hindernisse in wahrer Freiheit sein, ohne alle Beschwerde der Seele und des Leibes? Wann wird steter Friede sein, Friede ungetrübt und sicher, Friede innen und außen, überall fester Friede? Gütiger Jesu, wann werde ich vor Dir stehen, Dich zu sehen? Wann werde ich Deines Reiches Glorie anschauen? Wann wirst Du mir Alles in Allem sein? O wann werde ich bei Dir sein in Deinem Reiche, welches Du Deinen Geliebten bereitet hast von Ewigkeit? – Ich bin ein verlassener Armer und Verbannter in feindlichem Lande mit täglichen Kriegen und übergroßem Mißgeschicke.

Tröste meine Verbannung, mildere meinen Schmerz, weil zu Dir aufseufzet all mein Verlangen. Denn alles ist mir eine Bürde, was immer die Welt mir zum Troste bietet. Ich verlange innerlichst Dein zu genießen; aber ich kann Dich nicht erfassen; ich wünsche dem Himmlischen anzuhangen; aber mich drükken nieder die zeitlichen Dinge und die unabgetöteten Leidenschaften; mit dem Gemüte möchte ich über allen Dingen stehen, von dem Fleische aber werde ich gezwungen, ihnen untertan zu sein. So kämpfe ich unseliger Mensch mit mir, und bin mir selbst zur Last geworden, dieweil der Geist oben und das Fleisch unten zu sein begehrt.

O, wie leide ich innerlich, wenn ich im Geiste mit Himmlischem verkehre und alsbald eine Schar fleischlicher Gedanken den Betenden befällt! Mein Gott! Entferne Dich nicht von mir und wende Dich nicht ab im Zorne von Deinem Knechte. Sende nieder Deine Blitze und Wetterstrahlen und zerstreue jene; sende Deine Pfeile und alle Scheingebilde des Feindes sollen zu Schanden werden. Rufe alle meine Sinne zu Dir und mache mich aller weltlichen Dinge vergessen; verleihe mir, die Trugbilder der Laster schnell von mir abzutun und sie zu verachten. Eile mir zur Hilfe, Du ewige Wahrheit, damit mich keine Eitelkeit verlocke. Komm, himmlische Süßigkeit, und alle Unlauterkeit fliehe vor Deinem Angesichte! Verzeihe mir auch und vergib mir barmherziglich, so oft ich im Gebete an anderes als an Dich denke! Denn ich bekenne wahrhaft, daß ich mich sehr zerstreut zu halten pflege, indem ich gar oft nicht dort bin, wo ich leiblich stehe oder sitze, sondern vielmehr dort, wohin meine Gedanken mich tragen. Dort bin ich, wo mein Gedanke ist; mein Gedanke aber pflegt da zu sein, wo das ist, was ich liebe. Das fällt mir gleich ein, was mich von Natur aus ergötzt und mir an Gewohnheit gefällt.

Daher hast Du, o Wahrheit, offen gesagt: *Wo dein Schatz ist, da ist auch dein Herz.* Wenn ich den Himmel liebe, denke ich gern an Himmlisches. Liebe ich die Welt, so erfreue ich mich mit ihr ihres Glückes und traure über ihre Mißgeschicke. Liebe ich das Fleisch, so bilde ich mir das ein, was fleischlich ist. Liebe ich den Geist, dann ergötzt es mich, des Geistlichen zu gedenken. Denn was immer ich liebe, davon spreche und das höre ich gern, und davon trage ich die Bilder mit mir heim. Selig aber der Mensch, der Deinetwegen, Herr, allen Kreaturen Urlaub gegeben, der der Natur Gewalt antut und die Begierlichkeiten des Fleisches durch des Geistes glühenden Eifer kreuzigt, daß er mit geläutertem Gewissen ein reines Gebet Dir darbringe und würdig sei, nachdem er alles Irdische innerlich und äußerlich ausgeschlossen, unter den Chören der Engel zu stehen.

Das neunundvierzigste Kapitel

Von der Sehnsucht nach dem ewigen Leben, und welcher Lohn den Streitenden verheißen sei

Mein Sohn, empfindest du, daß dir ein Verlangen von oben nach der ewigen Seligkeit eingegeben wird, und begehrst du aus der Hütte dieses Lebens zu gehen, um meine Klarheit, ohne den Wechsel von Schatten und Licht, anschauen zu können: dann erweitere dein Herz und nimm mit aller Sehnsucht diese heilige Eingebung auf. Erstatte den reichlichsten Dank der höchsten Güte, die also huldreich mit dir verfährt, milde dich heimsucht, inbrünstig dich aufweckt, mächtig dich erhebt, auf daß du nicht durch deine eigene Schwere zum Irdischen niedersinkst. Denn du empfängst dies nicht durch dein Sinnen oder Streben, sondern allein durch die Huld der höchsten Gnade und des göttlichen Anblickes, damit du in Tugenden und in größerer Demut zunehmest und dich auf künftige Kämpfe vorbereitest, und dich ereiferst, Mir mit ganzer Begierde des Herzens anzuhangen und mit inbrünstigem Willen zu dienen.

Sohn, oft brennt das Feuer, aber ohne Rauch steigt die Flamme nicht auf. Also entbrennt auch bei einigen das Verlangen nach dem Himmlischen, und doch sind sie nicht frei von der Versuchung fleischlicher Neigung. Darum tun sie es nicht ganz lauter zur Ehre Gottes, auch wenn sie noch so begierig ihn bitten. – Dieser Art ist auch oft dein Verlangen, von dem du angegeben, es sei so ungestüm. Denn das ist nicht lauter und vollkommen, was vom Eigennutze vergiftet ist.

Bitte nicht um das, was dir ergötzlich und bequem ist, sondern was Mir genehm und Mir zur Ehre gereicht, weil du, wenn du recht urteilest, Meine Anordnung deinem Wunsche und allem Erwünschten vorziehen und ihr folgen mußt. Ich kenne deinen Wunsch und habe deine vielen Seufzer gehört. Du möchtest jetzt schon in der Freiheit der Glorie der Kinder Gottes sein, jetzt schon sei das ewige Haus und das freudenreiche himmlische Vaterland deine

Lust. Aber noch ist jene Stunde nicht gekommen; noch ist eine andere Zeit, eine Zeit nämlich des Streites, eine Zeit der Arbeit und der Prüfung. Du wünschest von dem höchsten Gute erfüllt zu werden, kannst es aber jetzt nicht erreichen. Ich bin's; warte, spricht der Herr, bis das Reich Gottes kommt.

Du mußt noch auf Erden erprobt und in vielem geübt werden. Tröstung wird dir zuweilen gegeben, aber volle Sättigung nicht zugestanden werden. Darum sei beherzt und stark, so in diesem Tun, wie im Ertragen dessen, was der Natur zuwider. Du mußt einen neuen Menschen anziehen und in einen andern Mann gewandelt werden. Du mußt oft tun, was du nicht willst, und was du willst, mußt du lassen. Was anderen gefällt, wird Erfolg haben; was dir gefällt, wird nicht glücken. Was andere sagen, wird man hören; was du sagst, wird man für nichts achten. Andere werden bitten und empfangen; du wirst bitten und nichts erhalten.

Andere werden groß sein im Munde der Menschen; von dir wird geschwiegen werden. Anderen wird dies oder jenes anvertraut werden; du aber wirst zu nichts nütze gehalten werden. Deswegen wird zuweilen die Natur sich betrüben, du wirst aber, wenn du schweigst, großen Gewinn davon tragen. Hierin und in vielem Ähnlichen pflegt ein getreuer Knecht des Herrn erprobt zu werden, so er bemüht ist, sich selbst zu verleugnen und seinen Eigenwillen in allem zu besiegen. Es gibt kaum derartiges, worin es dir so not tut abzusterben, als Dinge sehen und erdulden zu müssen, die deinem Willen zuwider sind, am meisten dann, wenn dir etwas Unpassendes und was dir unnütz scheint, zu tun befohlen wird. Und weil du nicht wagst, der höheren Gewalt, unter deren Herrschaft du gestellt bist, zu widerstreben, deswegen scheint es dir hart, dem Winke eines andern zu folgen und allen eigenen Sinn fahren zu lassen.

Erwäge aber, mein Sohn, die Frucht dieser Plagen, ihr schnelles Ende und den übergroßen Lohn: dann wirst du davon keine Beschwernis, sondern den stärksten Trost für deine Geduld empfangen. Denn für das wenige Eigenwollen, das du jetzt freiwillig aufgibst, wirst du für immer und ewig deinen Willen im Himmel haben.

Dort nämlich wirst du alles finden, was du willst, alles, was du verlangen kannst. Dort wird dir das Vermögen zu allem Guten beistehen, ohne seinen Verlust fürchten zu müssen. Dort wird dein Wille, immer eins mit Mir, nichts Fremdes oder anderes begehren. Dort wird dir niemand entgegen sein, niemand über dich klagen, niemand dich hindern, nichts dir im Wege stehen, sondern alles, wonach du Verlangen gehabt, wird auf einmal bei dir sein und all dein Sehnen erquicken und auf's höchste erfüllen. Dort werde ich alle erittene Schmach mit Ehre, den Kummer mit dem Mantel des Lobes, die niedrigste Stelle mit dem Stuhle der Herrschaft in Ewigkeit vergelten. Dort wird die Frucht des Gehorsams sich offenbaren; die harte Arbeit der Buße wird zur Freude, und die demütige Unterwerfung glorreich gekrönt werden.

Darum beuge dich jetzt demütig unter aller Menschen Hände und mache dir keine Sorge, wer dies gesagt oder befohlen; sondern dafür sorge mit großem Ernste; mag nun ein Vorgesetzter oder ein Niederer oder einer deinesgleichen etwas von dir fordern oder dir befehlen, daß du das alles gut aufnimmst und dich mit aufrichtigem Willen bemühest, es zu vollziehen. Mag einer dies suchen, der andere das, der in dem, der andere in jenem sich rühmen, und tausend und tausendmal gepriesen werden: freue du dich weder in diesem noch in jenem, sondern in deiner Selbstverachtung und in Meinem Wohlgefallen und Meiner Ehre allein. Dies sollst du wünschen, daß sowohl durch dein Leben wie durch deinen Tod Gott immer in dir verherrlicht werde.

Das fünfzigste Kapitel

Wie ein trostloser Mensch sich in die Hände Gottes empfehlen soll

Herr, Gott, heiliger Vater! sei jetzt und in Ewigkeit gebenedeit; denn wie Du willst, ist's vollbracht worden, und was Du vollbringst, ist gut. Freuen soll sich Dein Knecht an Dir, nicht an sich, noch an einem andern; Du meine Hoffnung und meine Krone, Du meine Freude und meine Ehre, o Herr! Was hat Dein Knecht, das er nicht von Dir empfangen und ohne sein Verdienst? Dein ist alles, was Du gegeben und was Du gemacht hast. Arm bin ich und in Mühen von meiner Jugend auf, und betrübt wird zuweilen meine Seele bis zu Tränen, und manchmal auch wird sie in sich selbst verwirrt ob der hereinbrechenden Leiden.

Ich verlange nach des Friedens Lust; um den Frieden Deiner Kinder flehe ich, die im Lichte der Tröstung von Dir geweidet werden. Gibst Du Frieden, gießest Du heiliges Verlangen ein, so wird die Seele Deines Knechtes voll Melodie und andächtig in Deinem Lobe sein. Hast Du Dich aber entzogen, wie Du gar oft zu tun pflegest, so wird er den Pfad Deiner Gebote nicht wandeln können, sondern muß vielmehr seine Kniee beugen, um sich an die Brust zu schlagen, weil ihm nicht ist wie gestern und vorgestern, als Deine Leuchte über seinem Haupte leuchtete und er unter dem Schatten Deiner Flügel vor den einbrechenden Versuchungen beschirmt wurde.

Vater, gerechter und immer zu preisender! Die Stunde ist gekommen, daß Dein Knecht erprobt werde. Geliebter Vater, es ziemt sich, daß in dieser Stunde Dein Knecht etwas für Dich leide. Vater, immer zu ehrender, die Stunde, deren Namen Du von Ewigkeit vorher wußtest, ist gekommen, daß Dein Knecht auf eine Weile äußerlich unterliege, innerlich aber allezeit bei Dir lebe; daß er ein Kleines gering geachtet, gedemütigt und vor den Menschen zunichte, und von Leidenschaften und Siechtum aufgezehrt werde, um hinwiederum mit Dir in der Morgenröte des neuen Lichtes zu erstehen und unter den Himmlischen verklärt zu werden. Heiliger Vater! Du hast es so geordnet und so gewollt, und das ist geschehen, was Du geboten hast.

Denn das ist eine Gnade für Deinen Freund, zu leiden und bedrängt zu werden in der Welt um Deiner Liebe willen, wie oft, und von wem immer, und auf welche Weise Du es geschehen läßt. Ohne Deinen Rat und Deine Vorsehung und ohne Grund geschieht nichts auf der Erde. Gut ist's mir, Herr, daß Du mich erniedert hast, damit ich Deine Gerechtigkeit kennen lerne, und allen Übermut, alle Vermessenheit des Herzens von mir tue. Nützlich ist's mir, daß die Beschämung mein Angesicht bedeckt hat, auf daß ich meinen Trost mehr bei Dir als bei den Menschen aufsuche. Gelernt habe ich daraus, auch vor Deinem unerforschlichen Gerichte zu erbeben, der Du den Gerechten wie dem Gottlosen schlägst, aber nicht ohne Billigkeit und Gerechtigkeit.

Dank Dir, daß Du meines Wehes nicht geschont, sondern mich gekreuzigt hast mit bittern Streichen, mit Schmerzen mich treffend, und Ängste mir sendend außen und innen. Es ist niemand, der mich trösten könnte als Du, o Herr, mein Gott, Du himmlischer Seelenarzt, der Du schlägst und heilst, in die Totenwelt hinabführst und zurückführst. Deine Zucht an mir und Deine Rute selbst wird mich lehren.

Siehe, geliebter Vater, ich bin in deinen Händen; unter die Rute Deiner Zurechtweisung beuge ich mich; schlage meinen Rücken und meinen Nacken, damit ich meine Verdrehtheit nach Deinem Willen zurechtbiege. Mache mich zu einem frommen und demütigen Jünger, wie Du es gern zu tun pflegst, damit ich nach jedem Deiner Winke wandle. Dir zur Zurechtweisung überlasse ich mich, und all das Meine; es ist besser, daß ich hier gezüchtigt werde, als künftig. Du weißt alles und jedes, und nichts ist Dir verborgen im menschlichen Gewissen. Bevor es geschieht, weißt Du das Kommende und Du hast nicht not, daß Dich jemand belehre oder dessen mahne, was auf der Erde geschieht. Du weißt, was zu meinem Fortschritte frommt, und wie viel die Drangsal dient, der Sünden Rost damit abzufegen. Erfülle an mir, wie Du wünschest, Dein Wohlgefallen; verschmähe nicht mein sündiges Leben, das niemandem besser und klärlicher bekannt ist, als Dir allein.

Gib mir, Herr! zu wissen, was ich wissen soll, zu lieben, was ich lieben soll, das zu preisen, was Dir zumeist gefällt, das zu achten, was Dir kostbar erscheint, das zu schmähen, was in Deinem Auge makelhaft ist. Laß mich nicht nach dem, was die äußern Augen sehen, urteilen, noch nach dem, was die Ohren unerfahrner Menschen hören, absprechen, sondern in wahrhaftem Urteile über Sichtbares und Geistiges mich entscheiden, und vor Allem stets den Willen Deines Wohlgefallens erforschen.

Getäuscht werden oft die Sinne der Menschen im Urteilen, getäuscht werden auch die Liebhaber der Welt, indem sie das nur Sichtbare lieben. Ist denn der Mensch deswegen besser, weil er von Menschen höher geschätzt wird? Der Schalk hintergeht den Schalk, der Eitle den Eitlen, der Blinde den Blinden, der Schwache den Schwachen, wenn er ihn rühmt; ja, er beschimpft ihn in Wahrheit vielmehr, wenn er ihn in nichtiger Weise lobt. Denn wie viel ein jeder in Deinen Augen ist, so viel ist er und nicht mehr, sagt der demütige Sankt Franziskus.

Das einundfünfzigste Kapitel

Daß man geringen Werken obliegen soll, wenn man für hohe zu schwach ist

Mein Sohn, du kannst nicht stets von glühendem Verlangen nach Tugenden erfüllt sein, noch auf einer sehr hohen Stufe der Beschaulichkeit stehen, sondern du mußt zuweilen der ursprünglichen Verderbnis wegen zu dem Niedrigen herabsteigen und die Bürde des hinfälligen Lebens auch gegen deinen Willen und bei Überdruß tragen. So lange du den sterblichen Leib trägst, wirst du Überdruß und Beschwerde des Herzens empfinden. Es tut dir also not, im Fleische oft über des Fleisches Last zu seufzen, weil du nicht in geistlichen Übungen und göttlichen Betrachtungen unaufhörlich verharren kannst.

Dann ist es dir förderlich, deine Zuflucht zu kleinen und äußeren Werken zu nehmen und dich in guten Handlungen zu erquicken, Mein Kommen und die Heimsuchung von oben mit festem Vertrauen zu erwarten, deine Verbannung und die Dürre deines Geistes zu ertragen, bis du wiederum von Mir heimgesucht und von allen Ängsten befreit wirst. Denn Ich werde dich deine Mühen vergessen und innerliche Ruhe genießen lassen. Ich werde vor dir ausbreiten die Auen heiliger Schriften, auf daß du mit erweitertem Herzen den Pfad Meiner Gebote zu durchwandeln anhebst. Und du wirst sprechen: Die Leiden dieser Zeit sind nicht würdig der künftigen Glorie, die offenbart werden wird an uns.

Das zweiundfünfzigste Kapitel

Daß der Mensch sich nicht des Trostes würdig,
sondern vielmehr der Züchtigung
schuldig achten soll

Herr, ich bin nicht würdig Deiner Tröstung, noch geistiger Heimsuchung, und darum handelst Du gerecht an mir, wenn Du mich bedürftig und trostlos läßt. Denn könnte ich Tränen wie ein Meer vergießen, noch wäre ich Deiner Tröstung nicht würdig. Daher bin ich nichts anderes wert, als gegeißelt und gestraft zu werden, weil ich schwer und oft Dich beleidigt, und in vielem mich schwer vergangen habe. Darum bin ich, in rechter Vernunft erwogen, nicht der geringsten Tröstung würdig. Aber Du, Milder und Barmherziger, der Du nicht den Untergang Deiner Werke willst, um den Reichtum Deiner Güte an den Gefäßen Deiner Barmherzigkeit zu zeigen, begnadigst Du auch ohne alles eigene Verdienst Deinen Knecht mit Deinem Troste in übermenschlicher Weise; denn Deine Tröstungen sind nicht wie der Menschen Zusprüche.

Was habe ich getan, Herr, daß Du mir irgend eine himmlische Tröstung zuteilest? Ich erinnere mich nicht an Gutes, das ich getan hätte, sondern daß ich immer zu den Lastern geneigt und zur Besserung träg war. Es ist wahr und ich kann's nicht ableugnen; spräche ich anders, so würdest Du gegen mich stehen, und es wäre niemand, der mich verteidigen möchte. Was habe ich verdient für meine Sünden, als die Hölle und das ewige Feuer? In Wahrheit, ich bekenne, daß ich allen Spottes und Verachtung würdig bin, und mir nicht ziemt, unter Deinen Frommen zu weilen. Und obschon ich dies ungern höre, so will ich doch gegen mich selbst, der Wahrheit zu Liebe, meine Sünden anklagen, damit ich um so leichter Deine Barmherzigkeit erlangen möge.

Was soll ich sagen, schuldbedeckt und aller Beschämung voll? Mein Mund hat zum Reden nur dies eine

Wort: Ich habe gesündigt, erbarme Dich meiner, vergib mir! Laß mir noch ein wenig Zeit, damit ich meinen Schmerz beweine, ehe denn ich wandle zu dem Land voll Finsternis, von Todesnacht bedeckt. Was forderst Du mehr von dem schuldigen und elenden Sünder, als daß er zerknirscht sich demütige für seine Vergehen? In wahrer Reue und Demütigung des Herzens wird die Hoffnung der Verzeihung geboren, das geängstigte Gewissen beruhigt, die verlorene Gnade wieder gewonnen, der Mensch vor künftigem Zorne gesichert, und es begegnen einander in heiligem Kusse Gott und die reuige Seele.

Die demütige Zerknirschung der Sünder ist Dir, Herr, ein genehmes Opfer, weit süßer duftend vor Deinem Angesichte als dampfender Weihrauch. Das ist Dir die angenehme Salbe, von der Du gewollt, daß sie auf Deine heiligen Füße gegossen würde, weil Du ein zerknirschtes und gedemütigtes Herz nie verschmäht hast. Dort ist die Zufluchtsstätte vor dem Angesichte des feindlichen Grimmens; dort wird gebessert und abgewaschen, was immer man sich anderswoher zugezogen hat, und was befleckt worden ist.

Das dreiundfünfzigste Kapitel

Von der Gnade, die mit denen nichts gemein hat, welche am Irdischen ihre Lust finden

Sohn, kostbar ist Meine Gnade; sie duldet es nicht, mit äußerlichen Dingen und irdischen Tröstungen vermischt zu werden. – Von dir abtun mußt du also alle Hindernisse der Gnade, wünschest du ihre Eingießung zu empfangen. Suche dir eine geheime Stätte; wohne gern nur allein mit dir; suche mit niemand dich zu unterhalten, sondern einige dich vielmehr mit Gott in andächtigem Gebet, damit du ein reuig Gemüt und ein lauter Gewissen behalten mögest. Die ganze Welt achte für nichts; Gott aufzuwarten, ziehe allem Äußerlichen vor. Denn du wirst Meiner nicht aufwarten, und zugleich an Vergänglichem dich ergötzen können. Von den Bekannten und Lieben mußt du dich entfernen und von allem zeitlichen Troste dein Gemüt frei halten. So beschwört uns auch der heilige Apostel Petrus, daß die Christgläubigen gleich wie Fremdlinge und Pilger in dieser Welt sich verhalten sollen.

O welch Vertrauen wird ein Sterbender haben, den keines Dinges Begehr in dieser Welt zurückhält. Sein Herz aber von allem abzuhalten, das faßt ein krankes Gemüt noch nicht, und der fleischliche Mensch kennt die Freiheit des innerlichen Menschen nicht. Will er aber wahrhaft ein geistlicher Mensch sein, dann muß er den Fremden wie den Verwandten entsagen und vor niemand sich mehr hüten, als vor sich selbst. Hast du dich selbst vollkommen überwunden, so wirst du das Übrige leichter unterwerfen. Denn das ist ein vollkommener Sieg, über sich selbst zu triumphieren, indem der, welcher sich selbst so unterworfen hält, daß die Sinnlichkeit der Vernunft und die Vernunft Mir in allem gehorcht, ein wahrhafter Überwinder seiner selbst ist und Herr über die Welt.

Hast du Luft zu diesem Gipfel hinanzusteigen, so tut dir not, männlich zu beginnen, und die Axt an die Wurzel zu setzen, damit du die verborgene und unordentliche Neigung zu dir selbst und allem eigenen und sinnlichen Gut ausreißest und zerstörst. An diesem Laster, daß der Mensch sich selbst allzu ungeordnet liebt, hängt beinahe Alles, was bis zur Wurzel überwunden werden muß; ist dies Laster überwunden und unterdrückt, so wird von Stund' an großer Friede und Ruhe herrschen. Dieweil aber Wenige bemüht sind, sich selbst abzusterben und vollkommen aus sich herauszugehen, darum verbleiben sie in sich verstockt und können sich nicht im Geiste über sich erheben. Wer aber frei mit Mir zu wandeln begehrt, der muß alle seine schlimmen und ungeordneten Neigungen abtöten und darf keiner Kreatur voll Begier mit Eigenliebe anhangen.

Das vierundfünfzigste Kapitel

Von den verschiedenen Regungen der Natur und der Gnade

Sohn, merke genau auf die Regungen der Natur und der Gnade, weil sie gar sehr entgegengesetzt und gar fein sich regen und kaum von einem anderen, als einem geistigen und innerlichst erleuchteten Menschen von einander zu unterscheiden sind. Nun begehren alle Menschen das Gute, und stellen in ihren Worten und Werken etwas Gutes vor. Viele werden so von dem Scheine des Guten oft betrogen.

Die Natur ist listig und zieht viele an, umgarnt sie und betrügt sie und setzt sich selbst immer als Endziel. Gnade aber wandelt einfältig und meidet jeden bösen Schein; sie schützt keine Täuschungen vor, und sie tut alles rein für Gott, in dem sie auch endlich ruht.

Die Natur will ungern sterben; sie will nicht gedrückt und überwunden noch untertan oder freiwillig unterjocht sein. Die Gnade aber strebt selbst nach Abtötung, widersteht der Sinnlichkeit, sucht unterworfen, begehrt überwunden zu werden, will ihre eigene Freiheit nicht gebrauchen, liebt es unter der Zucht gehalten zu werden, und begehrt über niemanden zu herrschen, sondern immer unter Gott zu leben, zu stehen und zu sein, und ist um Gottes willen bereit, vor jeder menschlichen Kreatur demütig sich zu beugen.

Die Natur ist um ihren Nutzen bemüht, und merkt auf, welcher Gewinn ihr vom andern kommt; die Gnade aber sieht nicht darauf, was ihr diene und behage, sondern vielmehr darauf, was vielen fromme.

Die Natur empfängt gern Würde und Ehrerbietung, die Gnade aber eignet getreulich alle Ehre und Glorie Gott zu.

Die Natur fürchtet Beschämung und Verachtung, die Gnade aber freut sich, für den Namen Jesu Schmach zu leiden.

Die Natur liebt Müßiggang und leibliche Ruhe, die Gnade aber kann nicht feiern, sondern greift die Arbeit freudig auf.

Die Natur sucht Seltenes und Schönes zu besitzen, und verabscheut das Gemeine und Grobe; die Gnade aber ergötzt sich an Einfältigem und Niedrigem, vor Rauhem graut ihr nicht, und sie scheut sich nicht, in alte Lumpen gekleidet zu werden.

Die Natur blickt auf Zeitliches, freut sich bei irdischem Gewinn, trauert über den Schaden, und wird über ein leichtes Scheltwort aufgebracht; die Gnade aber ist auf das Ewige gerichtet, haftet nicht am Zeitlichen, noch wird sie durch den Verlust an Gütern verwirrt noch durch überharte Worte erbittert, weil sie ja ihren Schatz und ihre Lust für den Himmel bestellt hat, wo ihr nichts verloren geht.

Die Natur ist gierig und nimmt lieber, als sie gibt; liebt das Eigene und Besondere; die Gnade jedoch ist milde und gemeinsinnig, meidet das Besondere, begnügt sich mit Wenigem und achtet Geben für seliger denn Nehmen.

Die Natur neigt sich zu den Kreaturen, zum eigenen Fleische, zu Eitelkeit und Schwärmereien; die Gnade aber zieht zu Gott und zu den Tugenden, entsagt den Kreaturen, flieht die Welt, haßt des Fleisches Begierden, schränkt das Herumschweifen ein, errötet öffentlich zu erscheinen.

Die Natur hat gern äußerlichen Trost, um sich darin sinnlich zu ergötzen; die Gnade aber sucht in Gott allein getröstet zu werden, und am höchsten Gute über allem Sichtbaren sich zu erfreuen.

Die Natur tut alles des Gewinnes und des eigenen Behagens wegen; umsonst will sie nichts tun, sondern hofft entweder Gleiches oder Besseres, entweder Lob oder Gunst für ihre Wohltaten zu erlangen, und wünscht, daß auf ihre Taten und Geschenke gar großes Gewicht gelegt werde; die Gnade aber sucht nichts Zeitliches, noch fordert sie einen andern Preis als Gott allein zu ihrem Lohne, und verlangt nichts an zeitlichem Bedarf, als in wie weit dieser ihr zu Erlangung des ewigen Lohnes dienen könne.

Die Natur freut sich vieler Freunde und Verwandten, rühmt sich eines edlen Ortes und Ursprungs des Geschlechts, lächelt den Mächtigen zu, schmeichelt den Reichen und gibt ihres Gleichen Beifall; die Gnade jedoch hat auch die Feinde lieb, prahlt nicht mit der Menge ihrer Freunde, und achtet nicht des Ortes noch des Ursprungs ihrer Geburt, außer wenn dort größere Tugend sich findet; sie ist mehr dem Armen hold als dem Reichen, hat mehr Mitgefühl mit dem Unschuldigen als mit dem Mächtigen, erfreut sich mit dem Wahrhaftigen und nicht mit dem Betrüger, ermahnt immer die Frommen, höheren Gnaden nachzueifern und dem Sohne Gottes durch Tugenden ähnlich zu werden.

Die Natur klagt alsbald über Mangel und Beschwernis; Gnade aber erträgt standhaft die Dürftigkeit.

Die Natur zieht alles auf sich zurück, und streitet und kämpft für sich; die Gnade jedoch führt alles auf Gott zurück; woher es ursprünglich ausfließt; nichts Gutes schreibt sie sich zu, noch nimmt sie sich etwas anmaßend heraus, zankt nicht, zieht ihre Meinung anderen nicht vor, sondern in all ihrem Sinn und Verstand unterwirft sie sich der ewigen Weisheit und der Prüfung durch Gott.

Die Natur gelüstet Geheimnisse zu wissen und Neuigkeiten zu hören; sie will sich zeigen ud vieles durch die Sinne erfahren, sie wünscht anerkannt zu werden, und das zu tun, woraus ihr Lob und Bewunderung erwächst. Gnade aber kümmert sich nicht, Neues und Seltsames zu vernehmen, weil das alles von der alten Verderbnis herrührt, da nichts neu und dauerhaft auf der Erde ist. Sie lehrt daher; die Sinne zügeln, eitle Selbstgefälligkeit und Zur-Schautragung vermeiden, Lobenswertes und Bewunderungswürdiges demütig verbergen, und in jeder Sache und jeder

Wissenschaft nützliche Früchte und Gottes Lob und Ehre suchen. Sie will nicht, daß man sie oder das Ihre preise, sondern daß Gott, der aus bloßer Liebe alles spendet, in seinen Gaben gebenedeit werde.

Diese Gnade ist ein übernatürlich Licht und eine besondere Gabe Gottes, und eigentlich das Siegel der Erwählten und das Pfand des ewigen Heiles; sie erhebt den Menschen über das Irdische zur Liebe des Himmlischen, und macht aus einem fleischlichen einen geistigen Menschen. Je mehr also die Natur niedergedrückt und überwunden wird, um so größere Gnade wird eingegossen, und der innerliche Mensch durch neue Heimsuchungen nach dem Bilde Gottes täglich erneuert.

Das fünfundfünfzigste Kapitel

Von der Verderbnis der Natur und der Wirksamkeit göttlicher Gnade

Herr, mein Gott! Du hast mich erschaffen nach deinem Bilde und Deinem Gleichnis, gewähre mir die Gnade, die Du mir als so groß und so notwendig zum Heile gezeigt hast, um meine allerböseste Natur, die mich hin zu den Sünden und in's Verderben zieht, zu überwinden. Ich empfinde ja in meinem Fleische das Gesetz der Sünde, wie es dem Gesetze meines Geistes widerspricht, und mich an den Dienst der Sinnlichkeit in vielen Dingen bindet, und ich kann ihren Leidenschaften nicht widerstehen, wenn nicht Deine heiligste Gnade, glühend meinem Herzen eingegossen, mir beisteht.

Deiner Gnade, ja großer Gnade bedarf's, um die Natur zu überwinden, die immer zum Bösen geneigt ist von Jugend auf. Denn gefallen durch Adam, den ersten Menschen, und verderbt durch die Sünde, ist die Strafe dieser Makel auf alle Menschen übergegangen, so daß die Natur selbst, die gut und recht von Dir gegründet wurde, jetzt die Verderbnis und Krankheit der verderbten Natur bezeichnet, weil ihre Regung, sich selbst überlassen, zur Sünde und nach abwärts zieht. Denn die geringe Kraft, die ihr geblieben, ist wie ein Funke verborgen in der Asche. Selbst die natürliche Vernunft, von großer Finsternis umzogen, ist noch im Besitze der Erkenntnis des Guten und Bösen und des Unterschiedes von Wahrem und Falschem, wenn auch unvermögend alles zu erfüllen, was sie billigt, und weder des vollen Lichtes der Wahrheit, noch der Gesundheit ihrer Gefühle teilhaft.

Daher rührt's, mein Gott, daß ich mich erfreue an Deinem Gesetze dem inneren Menschen nach, da ich wohl weiß, Dein Gesetz sei gut, gerecht und heilig, und daß ich alles Böse und alle Sünde als verabscheuenswert verdamme. Mit dem Fleische aber diene ich dem Gesetze der Sünde, dieweil ich mehr der Sinnlichkeit gehorche als der Vernunft. Daher rührt's, daß das Wollen des Guten mir nahe liegt, das Vollbringen aber finde ich nicht. Daher nehme ich mir oft viel Gutes vor, weil aber die Gnade zur Unterstützung meiner Schwäche fehlt, so springe ich eines leichten Widerstandes wegen ab und lasse nach. Daher geschieht's, daß ich den Weg der Vollkommenheit wohl erkenne, und auch wie ich handeln soll, klar genug sehe; aber, niedergedrückt von dem Gewichte der eigenen Verderbnis, erhebe ich mich nicht zu wirklich Vollkommenem.

O wie überaus notwendig ist mir Deine Gnade, Herr, um etwas Gutes zu beginnen, zu fördern und zu vollenden. Denn ohne Dich vermag ich nichts zu tun. Alles aber vermag ich in Dir, so mich stärket Deine Gnade. O wahrhaft himmlische Gnade, ohne die es keine eigenen Verdienste gibt, und keine Gabe der Natur gleich zu schätzen ist. Nichts gelten Künste, nichts Reichtümer, nichts Schönheit oder Stärke, nichts Scharfsinn oder Beredtsamkeit bei Dir – ohne Deine Gnade. Denn die Güter der Natur sind Guten und Bösen gemeinsam; der Auserwählten eigentliches Geschenk aber ist die Gnade oder die Liebe, mit der gezeichnet sie des ewigen Lebens würdig geachtet werden. So hoch ragt diese Gnade empor, daß weder die Gabe der Prophezeiung, noch Wunder wirken, noch Beschaulichkeit, wie hoch sie sich immer erhebe, ohne sie wertgeschätzt wird. Aber auch nicht der Glaube, noch die Hoffnung, noch die anderen Tugenden sind Dir ohne die Liebe angenehm.

O seligste Gnade, die Du den Armen im Geiste an

Tugend reich und den an vielen Gütern Reichen von Herzen demütig machst! Komm, steige zu mir hernieder, erfülle mich in der Frühe mit Deiner Tröstung, damit meine Seele nicht vor Müde und Dürre des Geistes ermatte. Ich flehe zu Dir, Herr, laß mich Gnade in Deinen Augen finden; denn es genügt mir die Gnade, wenn ich auch das Übrige nicht erlangte, was die Natur begehrt. Werde ich auch geplagt und versucht von vielen Drangsalen, so fürchte ich kein Übel, wenn deine Gnade mir zur Seite ist. Sie ist meine Stärke, sie bringt mir Rat und Hilfe. Sie ist mächtiger als alle Feinde, und weiser als die Weisen insgesamt.

Sie ist eine Lehrerin der Wahrheit, eine Unterweiserin in der Zucht, ein Licht des Herzens, ein Trost in Bedrängnis, eine Verscheucherin des Grames, eine Hinwegnehmerin der Furcht, eine Pflegerin der Andacht, eine Mutter der Tränen. Was bin ich ohne sie anders, als ein dürres Holz und ein nutzloser Stamm zum Wegwerfen? Deine Gnade also, Herr, komme mir immer zuvor, und geleite mich, und mache mich guter Werke stets beflissen, durch Jesus Christus, Deinen Sohn. Amen.

Das sechsundfünfzigste Kapitel

Daß wir uns selbst verleugnen und Christus durch das Kreuz nachfolgen sollen

Sohn, wie viel du aus dir herauszugehen vermagst, so viel wirst du in Mich eingehen können. Wie nichts von außen Begehrtes innerlichen Frieden schafft, so jedoch vereinigt das innerliche Verlassen einer selbst mit Gott. Ich will, daß du lernst, dich vollkommen in Meinen Willen ohne Widerspruch und Klage zu ergeben. Folge Mir! Ich bin der Weg, die Wahrheit und das Leben. Ohne Weg geht man nicht, ohne Wahrheit erkennt man nicht. Ich bin der Weg, dem du folgen sollst die Wahrheit, der du glauben sollst, das Leben, auf das du hoffen sollst. Ich bin der unzerstörbare Weg, die unfehlbare Wahrheit, das Leben ohne Ende. Ich bin der geradeste Weg, die höchste Wahrheit, das wahre Leben, das selige Leben, das neugeschaffene Leben. Wenn du auf Meinem Wege bleibst, wirst du die Wahrheit erkennen, und die Wahrheit wird dich frei machen, und du wirst das ewige Leben erlangen.

Willst du zum Leben eingehen, halte die Gebote. Willst du die Wahrheit erkennen, glaube Mir. Willst du vollkommen sein, verkaufe Alles. Willst du Mein Jünger sein, verleugne dich selbst. Willst du das ewige Leben besitzen, verachte das gegenwärtige Leben. Willst du im Himmel erhöhet werden, erniedere dich in der Welt. Willst du mit Mir herrschen, trage das

Kreuz mit Mir. Denn allein des Kreuzes Knechte finden den Weg der Seligkeit und des wahren Lichtes.

Herr Jesus Christus, weil Dein Weg schmal ist und von der Welt verschmäht, so verleihe mir, Dir nachzufolgen in der Selbstverleugnung. Denn der Knecht ist nicht größer als der Herr, noch der Jünger über den Meister. Möge Dein Knecht sich bilden an Deinem Leben; denn dort ist mein Heil und die wahre Heiligkeit. Was ich außer Ihm lese und höre, erquickt und ergötzt mich nie vollkommen.

Sohn, weil du dies alles weißt und gelesen hast, wirst du selig sein, wenn du es auch tust. Wer Meine Gebote hat und sie hält, der ist's, der Mich liebt. Und Ich werde ihn lieben und Mich ihm offenbaren und ihn sitzen lassen bei Mir im Reiche Meines Vaters. Darum, Herr Jesu, wie Du gesprochen und verheißen hast, so möge mir geschehen, daß ich es auch erlangen kann. Auf mich genommen habe ich aus Deiner Hand das Kreuz: ich will es tragen bis zum Tode, wie Du es mir auferlegt hast. Wahrhaftig, das Leben eines guten Mönches ist ein Kreuz, aber es führt zum Paradies. Der Anfang ist gemacht, und umzukehren nicht erlaubt, noch darf man davon ablassen.

Eia, Brüder, ziehen wir miteinander voran, Jesus wird mit uns sein; um Jesu willen nehmen wir dies Kreuz auf uns; um Jesu willen laßt uns beim Kreuze ausharren; Er wird unser Helfer sein, der unser Führer und Vorgänger ist. Siehe, unser König schreitet vor uns einher; er wird für uns streiten. Folgen wir

Ihm männlich; keiner fürchte Schrecknisse; laßt uns bereit sein, tapfer im Streite zu sterben und unserer Ehre nicht die Schande antun, vor dem Kreuze zu fliehen.

Das siebenundfünfzigste Kapitel

Daß der Mensch nicht allzu kleinmütig sei, wenn er in einige Fehler fällt

Sohn, Mir gefällt Geduld und Demut in Widerwärtigkeit mehr, als Tröstung und Andacht im Glücke. Was betrübt dich, wenn etwas wider dich getan oder gesagt wurde? Wäre es auch noch mehr gewesen, es hätte dich nicht erregen sollen. Jetzt aber laß es vorübergehn: es ist nicht das erste noch etwas Neues, und wird auch nicht das letzte sein, wenn du lange lebst. Du bist gar männlich, so lange dir nichts Widriges begegnet; du gibst auch guten Rat, und verstehst andere mit Worten zu stärken; kommt aber vor deine Tür plötzlich eine Drangsal, so gebricht es dir an Rat und Stärke.

Betrachte deine große Gebrechlichkeit, welche du gar oft gewahr wirst schon bei kleinen Hindernissen, die doch nur zu deinem Heile dir begegnen. Wenn dieses und dergleichen geschieht, dann schlage es dir nur aus dem Sinne, so gut du kannst; und hat dich auch eine Drangsal berührt, so soll sie dich nicht kleinmütig machen noch lange verwirren. Leide zum mindesten geduldig, kannst du es nicht freudig. Auch wenn du etwas ungern hörst und Unwillen darüber empfindest, so halte dich zurück, und vermeide, daß etwas Ungeziemendes aus deinem Munde komme, wodurch die Kleinen möchten geärgert werden. Gar schnell wird der erregte Aufruhr sich beruhigen, und der Schmerz mit der Rückkehr der Gnade sich lindern.

Noch lebe ich, spricht der Herr, bin bereit dir beizustehen, und dich mehr als gewöhnlich zu trösten, wenn du auf Mich vertraust und Mich demütig anrufst. Sei gleichmütig, und gürte dich, größeres zu ertragen. Es ist ja nicht umsonst, wenn du dich zum öfteren bedrängt und schwer versucht siehst. Du bist ein Mensch und nicht Gott, du bist Fleisch und kein Engel. Wie könntest du immer in gleicher Tugend verbleiben, da dies den Engeln im Himmel abging und den ersten Menschen im Paradiese, die nicht lange ohne Sünde bestanden?

Ich bin's, der die Traurigen zur Genesung aufrichtet, und der die, welche ihre Schwäche erkennen, zu Meiner Gottheit emporhebt.

Herr, gebenedeit sei dein Wort, das süßer ist als Honig und Honigseim meinem Munde. Was würde ich in solchen Drangsalen und Ängsten tun, wenn Du mich nicht stärktest durch Deinen heiligen Zuspruch? Wenn ich nur endlich zum Hafen des Heiles komme, was kümmert's mich, was und wie viel ich gelitten habe? Gib ein gutes Ende und einen seligen Hingang aus dieser Welt. Sei meiner eingedenk, mein Gott, und weise mich auf den rechten Weg zu Deinem Reiche! Amen.

Das achtundfünfzigste Kapitel

Daß man allzu hohe Dinge und die verborgenen Gerichte Gottes nicht erforschen soll

Sohn, hüte dich über hohe Materien und Gottes geheime Gerichte zu disputieren! Warum wird dieser so verlassen und jener zu solcher Gnade aufgenommen? Warum auch wird dieser so hart geschlagen, und jener so hoch erhoben? Dies übersteigt jedes menschliche Vermögen, und kein Disputieren ist im Stande, das göttliche Gericht zu erforschen. Wenn dir also der Feind dies eingibt oder wenn einige fürwitzige Menschen darnach forschen, erwidere mit jenem Worte des Propheten: *„Gerecht bist Du, Herr! und gerecht ist Dein Gericht"*, und mit jenem: *„Die Gerichte des Herrn sind wahrhaftig und in sich selbst gerechtfertigt."* Meine Gerichte sind zu fürchten und nicht zu untersuchen, weil sie für den menschlichen Verstand unbegreiflich sind.

Meide auch, den Verdiensten der Heiligen nachzugrübeln, und darüber zu disputieren, welcher heiliger als der andere sei, oder wer größer im Himmelreiche.

Dergleichen erzeugt oft Zänkereien und nutzlose Streitigkeiten; es nährt oft nur Hoffart und eitle Ehre, woraus Neid und Mißhelligkeiten entspringen, indem dieser den, ein anderer einen anderen Heiligen hoffärtig zu erheben sucht. Solches wissen und auskundschaften wollen, bringt keine Frucht, sondern mißfällt vielmehr den Heiligen, weil Ich nicht ein Gott der Zwietracht sondern des Friedens bin, welcher Friede mehr in wahrer Demut denn in Selbsterhebung besteht.

Einige werden vom Andachtseifer mehr zu diesem oder zu jenem Heiligen hingezogen, aber mit einer Neigung, die mehr menschlich als göttlich ist. Ich bin's, der alle Heiligen erschaffen; Ich habe ihnen die Gnade geschenkt; Ich die Glorie gewährt. Ich kenne eines jeden Verdienste. Ich bin ihnen zuvorgekommen mit den Segnungen Meiner Güte. Ich habe Meine Erwählten voraus gewußt vor der Zeiten Beginn. Ich habe sie erwählt aus der Welt, nicht sie haben Mich erwählt; Ich habe sie aus Gnade gerufen, aus Barmherzigkeit herangezogen, Ich sie durch mancherlei Versuchungen geführt. Ich ihnen herrliche Tröstung gegeben Ich ihre Geduld gekrönt.

Ich kenne den ersten und den letzten; Ich umfange alle mit unermeßlicher Liebe; Ich bin zu preisen in allen Meinen Heiligen. Ich über Alles zu benedeien und zu ehren in einem jeden, den ich so glorreich verherrlicht und vorausbestimmt habe, ohne alles sein vorhergehendes eigenes Verdienst. Wer also einen von meinen Kleinsten verachtet, ehrt auch den Großen nicht, weil ich den Kleinen und den Großen erschaffen habe. Wer einen der Heiligen verkleinert, verkleinert auch Mich und alle Heiligen im Himmelreich. Alle sind eins durch der Liebe Band, fühlen dasselbe, wollen dasselbe und alle sind einig in der Liebe.

Zudem aber, was viel höher ist, sie lieben Mich mehr als sich und ihre Verdienste. Denn über sich hinaus verzückt und der Eigenliebe entrückt, geben sie sich der Liebe zu Mir ganz hin, und ruhen in ihrem Genusse. Es gibt nichts, das sie abwenden oder niederdrücken könnte, dieweil sie, erfüllt von der ewigen Wahrheit, im Feuer unauslöschlicher Liebe brennen. Die fleischlichen und sinnlichen Menschen, die nichts zu lieben wissen als ihre eigenen Freuden, sollen schweigen, statt hin und her zu reden über den Zustand der Heiligen. Sie nehmen weg davon und setzen hinzu nur nach eigenem Bedünken, nicht wie es der ewigen Wahrheit gefällt.

Unwissenheit ist es bei Vielen, zumeist bei denen, die wenig erleuchtet sind, daß sie selten einen mit vollkommener geistlicher Liebe zu lieben wissen. Viele werden überdies von natürlicher Neigung und menschlicher Freundschaft zu diesen oder jenen hingezogen, und wie das Irdische, so stellen sie sich auch das Himmlische vor. Es ist aber ein Unterschied ohne gleichen zwischen dem, was die die Unvollkommenen denken, und dem, was die Erleuchteten durch höhere Offenbarung schauen.

Hüte dich also, o Sohn, diese Dinge, die deine Wissenschaft übersteigen, zu untersuchen, sondern darum bemühe dich und darauf sei gerichtet, daß du, wenn auch nur als der Kleinste im Reiche Gottes könntest gefunden werden. Und wüßte auch jemand, wer heiliger als der andere wäre oder als größer im Himmelreiche gälte, was würde ihm dieses zu wissen frommen, wenn er sich nicht solcher Erkenntnis wegen vor Mir demütigte und zu Meines Namens größerem Preise sich erhöhe? Gott viel wohlgefälliger handelt der, welcher an die Größe seiner Sünden und an die Kleinheit seiner Tugenden denkt, und bedenkt, wie weit er noch von der Vollkommenheit der Heiligen entfernt ist, als jener, der nur über ihre Größe oder Kleinheit disputiert. Es ist besser, die Heiligen mit andächtigen Gebeten und Tränen zu bitten, und ihren glorreichen Beistand mit demütigem Herzen zu erflehen, als ihre Geheimnisse in eitler Forschung zu ergründen.

Sie sind ja auf's beste zufrieden; können die Menschen nur auch zufrieden sein, und ihre eitlen Reden lassen. Sie rühmen sich ihrer eigenen Verdienste nicht, dieweil sie sich nichts Gutes, sondern alles Mir zuschreiben, da ich ihnen alles aus unendlicher Liebe geschenkt habe. Sie sind von solcher Liebe zu Gott und von so überfließender Fröhlichkeit erfüllt, da ihnen an Ehre nichts gebricht und an Glückseligkeit nichts gebrechen kann. Alle Heiligen, je höher sie in der Glorie sind, um so demütiger sind sie zu sich selbst, und Mir um so näher und lieber. Darum steht auch für dich geschrieben, daß sie ihre Kronen vor den Herrn legten und niederfielen vor dem Lamme auf ihr Antlitz und den von Ewigkeit zu Ewigkeit Lebenden anbeteten.

Viele fragen, wer größer sei im Reiche Gottes, und wissen nicht, ob sie würdig sind, den Kleinsten beigezählt zu werden. Groß ist's, auch der Kleinste nur im Himmel zu sein, wo ja alle groß sind, weil alle Kinder Gottes heißen und sein werden. Der Kleinste wird zu Tausenden werden, heißt es, der Sünder aber von hundert Jahren wird sterben. Als nämlich die Jünger fragten, wer größer wäre im Reiche der Himmel, da hörten sie diese Antwort: „Wenn ihr euch nicht bekehret und werdet wie die Kleinen, so werdet ihr nicht eingehen in das Reich der Himmel. Wer immer sich also erniedriget hat wie dieser Kleine, der ist der Größere im Reiche der Himmel."

Wehe denen, die sich nicht zu den Kleinen demütigen wollen, denn die niedere Türe des himmlischen Reiches wird sie nicht einlassen. Wehe auch den Reichen, die ihren Trost hier haben, denn sie werden, wenn die Armen in das Reich Gottes eingehen, draußen stehen und weinen. Freuet euch ihr Demütigungen und frohlocket ihr Armen; denn euer ist das Reich Gottes, wenn ihr in der Wahrheit wandelt.

Das neunundfünfzigste Kapitel

Wie alles Hoffen und Vertrauen auf Gott allein zu setzen ist

Herr! worauf ruht meine Zuversicht in diesem Leben oder was ist mein größter Trost in allem, was da unter dem Himmel ist? Nicht etwa Du, Herr mein Gott, dessen Barmherzigkeit ohne Zahl? Wo war mir wohl ohne Dich? Wann konnte mir wehe sein, wenn Du bei mir warst? Ich will lieber arm sein Deinetwillen, als reich ohne Dich. Ich erwähle lieber, mit Dir auf der Erde zu pilgern, als ohne Dich den Himmel zu besitzen. Wo Du bist, dort ist der Himmel, dort aber ist der Tod und die Hölle, wo Du nicht bist. Du bist mein Verlangen und darum muß ich nach Dir seufzen, rufen und flehen. Auf keinen kann ich ja vollkommen vertrauen, der mir in Nöten zu Hilfe kommt, als auf Dich allein, mein Gott! Du bist meine Hoffnung und mein Vertrauen und mein Tröster, mir der getreuste unter allen. Alle suchen das Ihre: Du willst nur mein Heil und meine Besserung, und wendest mir alles zum Guten. Und wenn Du mich mancherlei Versuchungen und Widerwärtigkeiten aussetzt, so ordnest Du das alles zu meinem Nutzen, der Du auf tausend Weisen deine Geliebten zu bewähren pflegst; bei solcher Bewährung sollst du nicht minder geliebt und gepriesen werden, als dann, wenn Du mich mit himmlischer Tröstung erfüllest.

Auf Dich also, Herr, mein Gott, setze ich meine ganze Hoffnung und Zuflucht, Dir stelle ich all meine Drangsal und Angst anheim, weil ich alles schwach und unbeständig finde, was ich außer Dir erblicke. Denn mir werden viele Freunde nicht frommen, noch mächtige Helfer mir beistehen können, noch kluge Berater nützlichen Rat geben, noch die Bücher der Gelehrten mich trösten, noch irgend ein kostbar Gut mich befreien, noch irgend eine geheime Stätte mich sichern, wenn Du selbst mir nicht beistehst, hilfst, stärkst, tröstest, unterweisest und behütest.

Denn alles, das zum Besitze des Friedens und der Glückseligkeit dienlich scheint, es ist wie nichts, wenn Du nicht zugegen bist; denn es bringt in Wahrheit keine Glückseligkeit. Das Ziel also aller Güte und die Höhe des Lebens und die Tiefe der Reden bist Du; auf Dich zu hoffen ist der mächtigste Trost aller Deiner Diener.

Auf dich sind meine Augen gekehrt; auf Dich vertraue ich, mein Gott, Du Vater der Erbarmungen! Segne und heilige meine Seele mit himmlischem Segen auf daß sie werde Deine heilige Wohnung und der Sitz Deiner ewigen Glorie, und auf daß nichts im Heiligtum Deines Tempels gefunden werde, was die Augen Deiner Majestät verletze. Nach der Fülle Deiner Erbarmungen und der Größe Deiner Güte blicke auf mich, und erhöre das Gebet Deines armen Knechtes, der noch in's Elend gebannt ist, in's Schattenland des Todes. Beschütze und bewahre die Seele Deines Knechtes in so vielen Gefahren des hinfälligen Lebens; unter dem Geleit Deiner Gnade führe sie auf dem Wege des Friedens zum Vaterland immerwährender Glückseligkeit und Klarheit.

VIERTES BUCH

VOM HEILIGEN SAKRAMENT

*Eine andächtige Ermahnung zur
heiligen Kommunion*

Stimme Christi

Kommet alle zu Mir, die ihr müde und belastet seid,
und ich werde euch erquicken, spricht der Herr. Das
Brot, das Ich geben werde, ist mein Fleisch für der
Welt Leben. Nehmet und esset: dies ist mein Leib, der
für euch wird hingegeben werden; dies tut zu Meinem Gedächtnis. Wer Mein Fleisch ißt und mein Blut
trinkt, bleibt in Mir und Ich in ihm. Die Worte, die
Ich zu euch gesprochen, sind Geist und Leben.

Das erste Kapitel

Mit welcher Ehrfurcht Christus zu empfangen sei

Stimme des Jüngers

Dies sind Deine Worte, Christus, ewige Wahrheit! wiewohl nicht zu *einer* Zeit ausgesprochen und nicht an *einer* Stelle aufgeschrieben. Weil sie also Dein sind und wahrhaftig, so sind sie alle von mir dankbar und getreulich anzunehmen. Sie sind Dein und Du hast sie gesprochen, und sie sind auch mein, weil Du zu meinem Heile sie geredet. Gern nehme ich sie auf aus Deinem Munde, damit sie meinem Herzen inniger eingepflanzt werden. Es ermutigen mich die Worte solcher Milde, voll Süße und Liebe; aber es schrecken mich die eigenen Missetaten, und von dem Empfange solcher Geheimnisse stößt mich mein unlauter Gewissen zurück. Mich ruft die Süße Deiner Worte herbei, aber mich beschwert die Menge meiner Sünden.

Du gebietest, daß ich getrost zu Dir hintrete, so ich Teil an Dir haben will, und daß ich empfange die Speise der Unsterblichkeit, so ich begehre zu erlangen das ewige Leben und die Glorie. „Kommet", sprichst Du, „alle zu Mir, die ihr müde und belastet seid, und Ich werde euch erquicken." O süßes und freundliches Wort im Ohre des Sünders, durch welches Du, Herr, mein Gott! den Dürftigen und Armen einladest zu der Gemeinschaft Deines heiligsten Leibes. Aber wer bin ich, Herr! daß ich mich unterstehen darf zu Dir hinzutreten? Siehe, die Himmel der Himmel fassen Dich nicht, und Du sagst: „Kommet alle zu Mir."

Was meint diese allermildeste Huld und so freundliche Einladung? Wie werde ich's wagen zu kommen, der ich mir doch nichts Gutes bewußt bin, daß ich mir's herausnehmen könnte? Wie werde ich Dich einführen in mein Haus, der ich zum öfteren Dich gütiges Antlitz beleidigt habe? Ehrerbietung hegen die Engel und Erzengel, Furcht die Heiligen und Gerechten, und Du sagst: Kommet alle zu Mir! Den, wenn Du, Herr! es nicht sagtest, wer würde es für wahr halten? und wenn Du es nicht gebötest, wer wollte sich unterstehen hinzutreten?

Siehe, ein gerechter Mann, Noah, mühte sich an dem Baue der Arche hundert Jahre, auf daß er mit Wenigen gerettet würde; und ich, wie werde ich mich in Einer Stunde vorbereiten können, den Welterbauer mit Ehrfurcht zu empfangen? Moses, Dein Diener, Dein großer und besonderer Freund, machte die Lade aus unverweslichem Holze, das er auch mit dem reinsten Golde bekleidete, um die Tafeln des Gesetzes dort zu hinterlegen; und ich verwesliche Kreatur werde es wagen, den Gründer des Gesetzes und den Verleiher des Lebens so leicht aufzunehmen? Salomon, der weiseste der Könige Israels, erbaute einen herrlichen Tempel in sieben Jahren zum Preise Deines Namens, und acht Tage lang feierte er das Fest seiner

Weihe: tausend Friedensopfer brachte er dar, und die Bundeslade stellte er unter Posaunenklang und Frohlocken feierlich an die wohlbereitete Stelle. Und ich Unseligster und Ärmster der Menschen, wie will ich Dich in mein Haus einführen, der ich kaum eine halbe Stunde andächtig hinzubringen weiß, und ach, wenn nur eine halbe Stunde würdig!

O mein Gott, wie waren jene bemüht, so vieles zu tun, um Dir zu gefallen. Ach wie wenig ist's, was ich tue! Wie kurze Zeit bringe ich damit zu, mich zur Kommunion zu bereiten; selten bin ich ganz gesammelt, am seltensten von aller Zerstreuung frei. Und gewiß, in der heilsamen Gegenwart Deiner Gottheit sollte mir kein ungeziemender Gedanke einfallen, auch keine Kreatur mich beschäftigen, weil ich nicht einen Engel, sondern den Herrn der Engel zum Gaste aufnehmen soll. Groß jedoch ist der Unterschied zwischen der Bundeslade samt ihren Reliquien und Deinem reinsten Leibe mit seinen unaussprechlichen Tugendkräften; zwischen den Opfern des Gesetzes, die das Künftige vorbildeten, und dem wahren Opfer Deines Leibes, das aller alten Opfer Erfüllung ist.

Warum also entbrenne ich nicht mehr nach Deiner ehrfurchtgebietenden Gegenwart? Warum bereite ich mich nicht mit größerer Sorgfalt vor, Dein Heiligstes aufzunehmen, wenn jene alten heiligen Patriarchen, Könige und Fürsten mit dem gesamten Volke solchen Eifer der Andacht zum göttlichen Dienste zeigten?

Es tanzte der andächtigste König David vor der

Arche Gottes aus ganzen Kräften, eingedenk der Wohltaten, die seinen Vätern einst verliehen; er verfertigte mancherlei Musikspiel, machte die Psalmen bekannt, und setzte ihr Absingen unter Fröhlichkeit ein, und sang sie selbst zum öfteren zur Zither. Er lehrte, von des heiligen Geistes Gnade angehaucht, das Volk Israel aus ganzem Herzen Gott zu preisen, und mit einhelligem Munde jeden Tag ihn zu benedeien und zu verkünden. Wenn damals so große Andacht geübt wurde, und solche Gedächtnisfeier des göttlichen Lobes vor der Arche des Testamentes statt hatte: welche Andacht und Ehrfurcht soll ich und alles christliche Volk in der Gegenwart des Sakramentes und bei dem Empfange des hochwürdigsten Leibes Christi hegen?

Viele laufen nach verschiedenen Orten, die Reliquien der Heiligen zu besuchen, und staunen, wenn sie von ihren Taten gehört haben; sie besichtigen die großen Münstergebäude, und küssen ihre in Gold und Seide gehüllten heiligen Gebeine. Und siehe, Du bist hier gegenwärtig bei mir auf dem Altare, Du mein Gott, der Heilige der Heiligen, der Schöpfer der Menschen und der Herr der Engel. – Zur Besichtigung jener Dinge zieht die Menschen oft Fürwitz und die Neuheit des Niegesehenen; geringe Frucht jedoch wird für die Besserung daraus gewonnen, zumeist dort wo ein so leichtfertiges Umlaufen ohne wahre Reue statt hat. Hier aber, in dem Sakramente des Altars, bist Du ganz gegenwärtig, Gott und

Mensch, Christus Jesus; hier auch wird reichliche Frucht des ewigen Heiles gewonnen, so oft Du würdig und andächtig empfangen wirst. Hierzu zieht aber nicht irgend eine Leichtfertigkeit, noch Fürwitz oder Sinnlichkeit, sondern fester Glaube, andächtige Hoffnung und aufrichtige Liebe.

O unsichtbarer Schöpfer der Welt! Wie handelst Du so wunderbar mit uns, wie sanft und gnädig fügst Du es mit Deinen Auserwählten, denen Du Dich selbst gibst, im Sakramente Dich zu genießen. Dies übersteigt ja allen Verstand; dies zieht vorzüglich die Herzen der Andächtigen an, und entzündet ihre Begierde. Denn die wahrhaft Gläubigen, die all ihr Leben zur Besserung ausrichten, empfangen häufig aus diesem allerwürdigsten Sakramente große Gnade der Andacht und Liebe zur Tugend.

O wunderbare und verborgene Gnade des Sakramentes, welche nur die Gläubigen Christi kennen, die Ungläubigen aber und die Diener der Sünde nicht erfahren können. In diesem Sakramente wird geistliche Gnade übertragen und in der Seele die verlorene Tugend hergestellt, und die Schönheit, welche die Sünde entstellt, kehrt wieder zurück. So groß ist zuweilen diese Gnade, daß aus der verliehenen Andacht nicht nur das Gemüt, sondern auch der schwache Leib durch vermehrte Kräfte sich gestärkt fühlt.

Zu beklagen jedoch und sehr erbarmenswert ist unsere Lauheit und Fahrlässigkeit, daß wir nicht mit größerer Begierde hingezogen werden, Christus zu empfangen, in dem die ganze Hoffnung und das Verdienst unserer Erlösung besteht. Denn Er ist unsere Heiligung und Erlösung, Er der Trost der Wanderer, und der Heiligen ewiger Genuß.

Zu beklagen ist es daher sehr, daß viele so wenig auf dies heilsame Geheimnis achten, welches den Himmel erfreut und die gesamte Welt erhält. Wehe der Blindheit und Härte des menschlichen Herzens, eine so unaussprechliche Gabe nicht mehr zu achten, und durch den täglichen Gebrauch sich sogar bis zu ihrer Mißachtung gehen zu lassen.

Ja, würde dieses allerheiligste Sakrament nur an *einem* Orte gefeiert, und von *einem* Priester in der Welt konsekriert, von welchem Verlangen, glaubst du wohl, würden dan die Menschen nach jenem Orte und nach einem solchen Priester Gottes hingezogen, um der Feier der göttlichen Mysterien beizuwohnen? Jetzt aber sind der Priester viele geworden, und an vielen Orten wird Christus geopfert, auf daß die Gnade und die Liebe Gottes zu den Menschen um so größer erscheine, je weiter die heilige Kommunion über den Erdkreis verbreitet ist.

Dank Dir, gütiger Jesus, ewiger Hirte, der Du uns Arme und in's Elend Gebannte gewürdigt hast, mit Deinem kostbaren Leibe und Blute uns zu erquicken, und zum Empfange dieser Geheimnisse durch den Zuspruch Deines eigenen Mundes einzuladen, indem Du sprichst: „Kommet alle zu Mir, die ihr müde und belastet seid, und Ich werde euch erquicken."

Das zweite Kapitel

Wie dem Menschen große Güte und Liebe von Gott in diesem Sakramente erwiesen wird

Stimme des Jüngers

Auf Deine Güte und Deine große Barmherzigkeit, Herr, vertrauend, trete ich hinzu, ein Kranker zu dem Heiland, ein Hungriger und Durstiger zu dem Borne des Lebens, ein Dürftiger zu dem König des Himmels, ein Knecht zu dem Herrn, ein Geschöpf zu dem Schöpfer, ein Trostloser zu seinem milden Tröster. Woher aber wird mir dies, daß Du zu mir kommst? Wer bin ich, daß Du dich selbst mir darbietest? Wie wagt der Sünder, vor Dir zu erscheinen? Und Du, wie würdigst Du den Sünder Deines Kommens? Du kennst Deinen Knecht und weißt, daß er nichts Gutes an sich hat, um dessen willen Du ihm dieses gewährest. Ich bekenne darum meinen Unwert, ich erkenne Deine Güte; preise Deine Milde und sage Deiner übergroßen Liebe Dank. Deiner selbst willen tust Du dies, nicht meiner Verdienste wegen, damit mir Deine Güte mehr bekannt, reichlichere Liebe eingeflößt und die Demut vollkommener empfohlen werden. Dieweil Dir also dies gefällt, und Du so zu tun geboten hast, so gefällt auch mir Deine herablassende Huld. Daß doch meine Bosheit ihr nicht im Wege stünde!

Obschon ich nicht jeden Tag fähig und zur Feier wohl vorbereitet bin, so werde ich mir doch Mühe geben, an den geeigneten Zeiten die göttlichen Geheimnisse zu empfangen und mich zur Teilnahme solcher Gnade anzubieten. Denn dies ist eine der vorzüglichen Tröstungen der gläubigen Seele, so lange sie fern von Dir in dem sterblichen Leibe pilgert, daß sie, oft ihres Gottes eingedenk, ihren Geliebten mit andächtigem Gemüte aufnehme.

O wunderbare Begnadigung Deiner Milde gegen uns, daß Du, Herr, Gott, Schöpfer und Beleber aller Geister, die ärmliche Seele begnadigst, zu ihr zu kommen, um mit Deiner ganzen Gottheit und Menschheit ihren Hunger zu stillen. O glückliches Gemüt, o selige Seele! Du darfst den Herrn andächtig empfangen, um beim Empfange mit geistlicher Freude erfüllt zu werden.

O welch großen Herren empfängt sie, welch gar lieben Gast führt sie ein, welch einen fröhlichen Genossen nimmt sie auf, welch einen treuen Freund heißt sie willkommen, welch schönen und edlen Bräutigam umarmt sie, der ja vor allem Geliebten und über alles Wünschenswerte zu lieben ist! Schweigen sollen vor Deinem Antlitz, o süßester Jesus, Himmel und Erde und all ihr Gezierde; da doch, was sie an Preis und Schmuck besitzen, von der Huld Deiner Milde herrührt, und die Herrlichkeit Deines Namens, dessen Weisheit ohne Zahl ist, nicht erreichen kann.

so mächtig Deine Kraft, wie untrüglich Deine Wahrheit! Denn Du hast gesprochen, und alle Dinge sind geworden, und geworden ist das, was Du geboten hast. Das aber ist wunderbar, des Glaubens würdig und menschlichen Verstand übertreffend, daß Du, Herr mein Gott, wahrer Gott und Mensch unter der geringen Gestalt des Brotes und Weines ganz enthalten bist, und ohne Verzehr Deines Wesens von den Nehmenden genossen wirst.

Du, der Herr der Welten, der Du keines Dinges bedürftig durch Dein Sakrament in uns wohnen wolltest, bewahre mein Herz und meine Leib unbefleckt, daß es mir möglich sei, mit frohem und lauterem Gewissen öfters Deine Geheimnisse zu feiern, und sie zu meinen immerwährenden Heile zu empfangen, die Du doch vorzüglich zu Deiner Ehre und stetem Gedächtnis geweiht und eingesetzt hast.

Sei fröhlich, meine Seele, und bringe Gott Dank für ein so edel Geschenk und so einzigen Trost, der in diesem Erdentale dir hinterlassen worden! Denn so oft du dies Geheimnis bedenkst und Christ Leib empfängst, so oft wirkst du das Werk deiner Erlösung und wirst teilhaftig aller Verdienste Christi, da die Liebe Christi nie gemindert, und die Größe seiner Sühne nie erschöpft wird. Deswegen sollst du dich mit stets wiederholter Erneuerung des Gemütes hierzu anschicken, das große Mysterium des Heiles in ernstlicher Betrachtung zu erwägen. So groß, neu und fröhlich soll es dir jedes Mal sein, wenn du die Messe feierst und hörst, als ob an demselben Tage Christus zum ersten Mal in den Schoß der Jungfrau niedersteigend Mensch geworden wäre, oder an dem Kreuze hangend für das Heil der Menschen leiden und sterben würde.

Das dritte Kapitel

Daß es nützlich sei, oft zu kommunizieren

Stimme des Jüngers

Siehe, ich komme zu Dir, Herr, damit mir wohl durch Deine Gabe, und ich froh werde bei Deinem Mahle, das Du, o Gott, in Deiner Milde dem Armen bereitet hast. Siehe, in Dir ist alles beschlossen, was ich begehren kann und darf. Du bist mein Heil und meine Erlösung, meine Hoffnung und Stärke, Zierde und Glorie. Erfreue darum heute die Seele Deines Knechtes. Denn ich habe zu Dir, Herr Jesus Christus, meine Seele erhoben. Ich sehne mich, Dich andächtig und ehrerbietig zu empfangen, ich begehre, Dich in mein Haus einzuführen, auf daß ich mit Zacchäus verdiene, von Dir gesegnet und unter die Söhne Abrahams gezählt zu werden. Meine Seele und mein Leib begehren Deiner, und mein Herz verlangt mit Dir geeint zu werden.

Gib Dich mir, und ich habe Genüge: denn außer

Dir hat keine Tröstung Kraft; ohne Dich kann ich nicht sein, und ohne Deine Heimsuchung vermag ich nicht zu leben. Und darum tut mir not, oft zu Dir hinzugehen und Dich als Heilmittel meines Heiles zu empfangen, damit ich nicht auf dem Wege erliege, wenn ich der himmlischen Nahrung beraubt würde. Denn also hast du einst, barmherziger Jesus, den Völkern predigend und mancherlei Krankheiten heilend, gesprochen: *„Ich will sie nicht nüchtern nach Hause entlassen, damit sie nicht auf dem Wege erliegen."* Tue darum so mit mir, der Du Dich zur Tröstung der Gläubigen im Sakramente hinterlassen hast.

Denn Du bist die süße Erquickung der Seele, und wer Dich würdig genossen, wird teilhaft und Erbe der ewigen Glorie.

Mir, der ich so oft falle und sündige, so schnell lau werde und abfalle, tut es not, daß ich durch häufiges Gebet und Beichte und Deines heiligen Leibes Empfang mich erneuere, reinige und entzünde, damit nicht durch allzu lange Enthaltung mein Vorsatz zerrinnt. Denn sind die Sinne des Menschen von Jugend auf zum Bösen geneigt, und wenn die göttliche Arznei nicht zu Hilfe kommt, so fällt der Mensch bald in noch Schlimmeres. So zieht also die heilige Kommunion vom Bösen ab und stärkt im Guten. Denn wenn ich jetzt so oft fahrlässig und lau bin, wo ich doch kommuniziere und das Meßopfer feiere, was würde geschehen, wenn ich die Arznei nicht nähme und einen so großen Beistand nicht suchte?

Obschon ich nicht jeden Tag fähig und zur Feier wohl vorbereitet bin, so werde ich mir doch Mühe geben, an den geeigneten Zeiten die göttlichen Geheimnisse zu empfangen und mich zur Teilnahme solcher Gnade anzubieten. Denn dies ist eine der vorzüglichen Tröstungen der gläubigen Seele, so lange sie fern von Dir in dem sterblichen Leibe pilgert, daß sie, oft ihres Gottes eingedenk, ihren Geliebten mit andächtigem Gemüte aufnehme.

O wunderbare Begnadigung Deiner Milde gegen uns, daß Du, Herr, Gott, Schöpfer und Beleber aller Geister, die ärmliche Seele begnadigst, zu ihr zu kommen, um mit Deiner ganzen Gottheit und Menschheit ihren Hunger zu stillen. O glückliches Gemüt, o selige Seele! Du darfst den Herrn andächtig empfangen, um beim Empfange mit geistlicher Freude erfüllt zu werden.

O welch großen Herren empfängt sie, welch gar lieben Gast führt sie ein, welch einen fröhlichen Genossen nimmt sie auf, welch einen treuen Freund heißt sie willkommen, welch schönen und edlen Bräutigam umarmt sie, der ja vor allem Geliebten und über alles Wünschenswerte zu lieben ist! Schweigen sollen vor Deinem Antlitz, o süßester Jesus, Himmel und Erde und all ihr Gezierde; da doch, was sie an Preis und Schmuck besitzen, von der Huld Deiner Milde herrührt, und die Herrlichkeit Deines Namens, dessen Weisheit ohne Zahl ist, nicht erreichen kann.

Das vierte Kapitel

Viel Gutes wird denen gewährt, die andächtig kommunizieren

Stimme des Jüngers

Herr mein Gott, komm Deinem Knechte mit Segen Deiner Milde zuvor, damit ich zu Deinem hochherrlichen Sakramente würdig und andächtig hintreten darf. Wecke auf mein Herz zu Dir, und von schwerer Erschlaffung entreiße mich. Suche mich heim in Deinem Heile, damit ich im Geiste Deine Lieblichkeit koste, die in ihrer Fülle in diesem Sakramente, wie in der Quelle sich birgt. Erleuchte auch meine Augen, ein solches Geheimnis zu schauen, und stärke mich mit zweifelfreiem Glauben, es anzunehmen. Es ist ja Dein Werk, nicht menschliche Macht, Deine heilige Einsetzung, nicht eines Menschen Erfindung. Denn dies zu fassen und zu verstehen wird keiner durch sich selbst tauglich befunden, denn es übersteigt selbst den Scharfsinn der Engel. Was also werde ich unwürdiger Sünder, ich Erde und Asche von einem so hohen heiligen Geheimnisse des Sakramentes ergründen und begreifen können?

Herr, in der Einfalt des Herzens, in gutem und festem Glauben und nach Deinem Gebote nahe ich mich Dir mit fester Hoffnung und Ehrfurcht; und ich glaube wahrhaft, daß Du hier in dem Sakramente zugegen bist, als Gott und Mensch. Du willst, daß ich Dich empfange und mich selbst mit Dir in Liebe vereine. Daher bitte ich Deine Milde und flehe sie an, mir hierzu eine besondere Gnade zu schenken, daß ich ganz in Dir aufgehe und von Liebe überfließe, und mich mit keiner anderen Tröstung fortan befasse. Denn dies erhabenste und würdigste Sakrament ist das Heil der Seele und des Leibes, eine Arznei jeder geistlichen Krankheit: in ihm werden meine Fehler geheilt, meine Leidenschaften gezügelt, meine Versuchungen überwunden und gemindert, größere Gnade eingegossen, die begonnene Tugend gemehrt, der Glaube gefestigt, die Hoffnung gestärkt und die Liebe angefeuert und erweitert.

Denn manches Gut hast Du gespendet und spendest es noch oft in diesem Sakramente Deinen Geliebten, die es andächtig empfangen, o mein Gott, Du Hüter meiner Seele, Du Wiederhersteller menschlicher Schwachheit und Verleiher jeder innern Tröstung! Denn gar viel Tröstung wider mancherlei Drangsal flößest Du ihnen ein; Du erhebst sie aus dem Abgrund ihrer Niedergeschlagenheit zur Hoffnung auf Deinen Schutz; Du erquickst und erleuchtest sie innerlich mit neuer Gnade, so daß die, welche zuerst ängstlich und vor der Kommunion ohne Rührung sich gefühlt, nachher, erquickt von der himmlischen Speise und dem himmlischen Tranke, eine Wandlung zum Besseren in sich gewahren. Das alles wirkest Du deshalb an Deinen Erwählten so milde, damit sie wahrhaft erkennen, welche Güte und Gnade ihnen von Dir zu Teil wird, da sie doch aus sich selbst kalt, hart und andachtslos sind, von Dir aber erlangen, inbrünstig, andächtig und freudig zu sein. Denn wer tritt zum Borne der Süßigkeit und bringt nicht ein wenig Süßigkeit zurück? Oder wer steht bei reichlichem Feuer und empfängt davon nicht ein wenig Wärme? Du bist ein Born, allezeit voll und überfließend, ein Feuer, immer brennend und nie erlöschend.

Wenn mir daher auch nicht gestattet ist, aus der Fülle des Brunnens zu schöpfen noch bis zur Genüge zu trinken, so will ich doch meinen Mund an die Öffnung des himmlischen Röhrleins setzen, daß ich mindestens ein kleines Tröpfchen empfange, meinen Durst zu löschen, damit ich nicht gänzlich ausdorre. Und wenn ich noch nicht ganz himmlisch und glühend gleich den Seraphim und Cherubim sein kann, so will ich doch fleißig in der Andacht mich zu üben und mein Herz vorzubereiten suchen, auf daß ich, wenn auch nur eine kleine Flamme der göttlichen Glut, aus demütigem Genuß des lebendigmachenden Sakramentes gewinne. Was mir aber abgeht, gütiger Jesus, heiligster Erlöser, das ersetze Du für mich gütig und gnädig, der Du doch alle gewürdigt hast, sie zu Dir zu rufen mit den Worten: *Kommet alle zu Mir, die ihr müde und belastet seid, und Ich werde euch erquicken!* Ich arbeite ja im Schweiße meines Angesichts, ich werde vom Schmerze des Herzens gequält, von Sünden gedrückt, von Anfechtungen beunruhigt, von vielen bösen Leidenschaften verstrickt und gedrückt, und niemand ist, der mir beisteht, niemand der mich errettet und mir Heilung verleiht, als Du, Herr Gott, mein Heiland, dem ich mich und all das Meine anbefehle, daß Du mich behütest und geleitest zum ewigen Leben. Nimm mich auf zum Preise und zur Glorie Deines Namens, der Du Deinen Leib und Blut zur Speise und zum Tranke mir bereitet hast! Gewähr mir, Herr und Gott, mein Heil, daß mit dem häufigen Empfange Deines Geheimnisses der Eifer meiner Andacht wachse.

Das fünfte Kapitel

Von der Würde des Sakramentes und dem Stande der Priester

Stimme des Geliebten

Hättest du die Reinheit der Engel und St. Johannis des Täufers Heiligkeit, du wärest nicht würdig, dies Sakrament zu empfangen und zu berühren. Denn dies ist nicht menschlichen Verdiensten zu verdanken, daß der Mensch das Sakrament konsekriert und wandelt und das Brot der Engel zur Speise nimmt. Es ist ein großes Mysterium und eine hohe Würde der Priester, denen gegeben ist, was den Engeln nicht gewährt wurde. Denn einzig die Priester, die rechtmäßig in der Kirche geweihten, haben die Gewalt, dies Sakrament zu vollbringen und den Leib Christi zu konsekrieren. Der Priester nun ist der Diener Gottes, indem er das Wort nach Gottes Gebot und Gottes Einsetzung gebraucht. Gott aber ist dabei der vorzüglichste Urheber und unsichtbare Wirker. Ihm ist alles untertan, wie er's verlangt und dem alles gehorcht, wie er gebietet.

Du sollst also mehr Gott dem Allmächtigen in diesem hochwürdigsten Sakramente glauben, als den eigenen Sinnen oder einem anderen sichtbaren Zeichen. Darum sollst du auch mit Furcht und Ehrerbietung zu diesem Ereignis hinzutreten. Habe also Acht auf dich, und nimm wahr, welch Amt dir durch die Handauflegung des Bischofs übergeben ist. Siehe, du bist ein Priester geworden und zur Feier des Sakramentes geweiht; siehe nun zu, daß du getreu und andächtig zur rechten Zeit Gott das Opfer darbringst, und dich selbst untadelig erweisest. Du hast dir deine Bürde nicht erleichtert, sondern bist mit einem strafferen Bande der Zucht gebunden und zu größerer Vervollkommnung in der Heiligkeit gehalten. Ein Priester soll mit allen Tugenden geziert sein, und andern das Vorbild eines guten Lebens darbieten. Sein Wandel gehe nicht die Straße der Menge und der Gemeinheit, sondern er verkehre mit den Engeln im Himmel oder mit vollkommenen Männern auf Erden.

Der Priester, mit den heiligen Gewändern angetan, vertritt Christi Statt, daß er Gott für sich und für alles Volk flehentlich und demütig bitte; er hat vor sich und hinter sich des Herren Kreuzeszeichen, stets eingedenk zu sein des Leidens Christi. Vor sich trägt er das Kreuz auf der Casula, damit er auf Christi Fußstapfen achtsam hinblicke und fleißig ihnen nachfolge. Hinter sich ist er mit dem Kreuze bezeichnet, damit er jede ihm von anderen zugefügte Kränkung sanftmütig um Gottes willen ertrage. Vor sich führt er das Kreuz, damit er über die eigenen Sünden traure, hinter sich, damit er auch die von andern begangenen aus Mitleid beweine und wisse, daß er mitten zwischen Gott und den Sünder gestellt sei, und daß er nicht ablassen soll von dem Gebete und der Darbringung des heiligen Opfers, bis es ihm gelungen, Gnade und Barmherzigkeit zu erlangen. Wenn der Priester die Messe feiert, ehrt er Gott, erfreut die Engel, erbaut die Kirche, kommt den Lebendigen zu Hilfe, verschafft den Abgestorbenen Ruhe und macht sich alles Guten teilhaftig.

Das sechste Kapitel

Wie soll man sich zur Kommunion vorbereiten

Stimme des Jüngers

Wenn ich Deine Würde, o Herr, und meinen Unwert bedenke, erzittere ich sehr und werde tief beschämt in mir selbst. Denn trete ich nicht hinzu, so fliehe ich das Leben, und dränge ich mich unwürdig hinzu, so gerate ich in deinen Zorn. Was also soll ich tun, o Gott, Du mein Helfer und Rater in Nöten?

Lehre mich den rechten Weg, gib mir eine kurze, der heiligen Kommunion angemessene Übung auf. Denn zuträglich ist es zu wissen, wie ich Dir andächtig und ehrerbietig mein Herz vorbereiten soll, um Dein Sakrament heilsam zu empfangen, oder auch ein so großes und göttliches Oper zu feiern.

Das siebente Kapitel

Von der Erforschung des Gewissens und dem Vorsatz der Besserung

Stimme des Geliebten

Vor Allem soll der Priester Gottes in der höchsten Demut des Herzens und flehentlicher Ehrfurcht, mit vollem Glauben und dem gottesfürchtigen Vorsatze göttlicher Ehre, zur Feier, Wandlung und zum Genuß dieses Sakramentes hinzutreten. Erforsche sorgsam dein Gewissen, und nach Deinem Vermögen reinige und läutere es durch wahre Reue und eine demütige Beichte, so daß du nichts Schweres hast oder weißt, was an dir nage oder deinen freien Zutritt verhindere. Du sollst ein Mißfallen über alle Deine Sünden insgemein, und über die täglichen Übertretungen ganz insbesondere Schmerzen haben und sie beseufzen. Und wenn es die Zeit gestattet, bekenne Gott im Geheimnis des Herzens den ganzen Jammer deines Leides.

Beseufze und fühle schmerzlich, daß du noch so fleischlich und weltlich bist, so wenig den Leidenschaften abgestorben; so erfüllt von den Regungen der Begierlichkeit; so unbehütet in den äußeren Sinnen; so oft mit vielen eitlen Einbildungen behaftet; so sehr zum Äußerlichen geneigt, so nachlässig für das Innerliche; so leichtfertig zum Lachen und zur Ausgelassenheit, so wenig bereit zum Weinen und zur Zerknirschung; so bereit zur Ungebundenheit und den Annehmlichkeiten des Fleisches, so säumig zur Strenge und zum Eifer; so fürwitzig, Neues zu erhalten und zu hören und Schönes zu sehen; aber so nachlässig, dich mit Kleinen und Verachteten zu befassen; so begierig, Vieles zu haben, so karg zum Geben, so zäh im Behalten; so unbedacht im Reden, so unenthaltsam im Schweigen; so ungeordnet in den Sitten, so ungestüm in den Handlungen; so gierig nach der

Speise, so taub für das Wort Gottes; so schnell zur Ruhe, so langsam zur Arbeit; so achtsam auf Märchen, so schläfrig bei den heiligen Nachtwachen; so eilfertig zum Ende zu kommen, so abschweifend beim Aufmerken; so nachlässig in den Tageszeitgebeten, so lau in der Feier der Messe, so trocken bei der Kommunion; so schnell zerstreut, so selten recht gesammelt; so jählings zum Zorne aufgebracht, so leicht verdrießlich über den Nächsten; so behende zum Richten, so strenge im Tadeln; so fröhlich im Glücke, so schwach bei Unfällen; so oft bereit, viel Gutes dir vorzunehmen und so wenig zu vollbringen.

Nachdem du diese und andere Gebrechen mit Schmerz und großem Mißfallen über die eigene Schwachheit gebeichtet und beweint hast, fasse einen festen Vorsatz, dein Leben immer wieder zu bessern und im Guten zuzunehmen. Hierauf bringe dich selbst mit vollkommener Ergebung und ungeteiltem Willen zur Ehre Meines Namens auf dem Altare deines Herzens zu einem ewigen Brandopfer dar, indem du nämlich deinen Leib und deine Seele Mir gläubig befiehlst, auf daß du also erlangest, würdig hinzugehen, um Gott das Opfer darzubringen und das Sakrament Meines Leibes heilsam zu empfangen.

Denn es gibt kein würdigeres Opfer, und keine größere Genugtuung zur Tilgung der Sünden, als sich selbst lauter und ungeteilt mit dem Opfer des Leibes Christi in der Messe und bei der Kommunion Gott zu opfern.

Hat der Mensch getan, was an ihm ist, und wahrhaft bereut: wie oft er dann auch immer, der Verzeihung und der Gnade wegen, zu Mir kommt, dann darf er hören: *„Ich lebe, und Ich will nicht den Tod des Sünders, sondern vielmehr, daß er sich bekehre und lebe; denn Ich will seiner Sünden nimmer gedenken, sondern alle sollen ihm erlassen sein."*

Das achte Kapitel

Vom Opfer Christi am Kreuze und der Selbstentsagung

Stimme des Geliebten

Wie Ich Mich am Kreuze mit ausgebreiteten Armen und nacktem Leibe für deine Sünden Gott dem Vater freiwillig geopfert habe, so daß nichts in Mir geblieben ist, das nicht ganz in das Opfer göttlicher Versöhnung aufgegangen wäre: so sollst auch du dich selbst Mir freiwillig zu einem reinen und heiligen Opfer täglich in der Messe mit allen deinen Kräften und Neigungen, so innerlich als du kannst, opfern. Was begehre Ich mehr von dir, als daß du dich bestrebst, dich Mir ganz zu lassen? Was immer du Mir auch außer dir selbst gibst, dessen achte Ich nicht, weil Ich nicht deine Gabe, sondern dich suche.

Gleichwie es dir nicht genügte, hättest du alles

außer Mich, so kann auch Mir nicht gefallen, was immer du mir gibst, wenn du dich nicht selbst zum Opfer gebracht hast. Opfere dich Mir und gib dich ganz für Gott, und dein Opfer wird angenehm sein. Siehe, Ich habe Mich ganz dem Vater dargebracht für dich, Ich habe auch Meinen ganzen Leib und Mein Blut zur Speise gegeben, damit ich ganz dein sei und du Mein bleibest. Hast du dich aber auf dich selbst gestellt und nicht freiwillig nach Meinem Willen dich aufgeopfert, so ist es kein volles Opfer, noch ist die Einigung zwischen uns vollkommen. Deswegen muß allen deinen Werken eine freiwillige Opferung deiner selbst in die Hände Gottes vorangehen, wenn du Freiheit und Gnade erlangen willst. Denn darum werden so Wenige erleuchtet und innerlich frei, weil sie nicht wissen, sich selbst gänzlich zu verleugnen. Es ist Mein fester Ausspruch: Wenn einer nicht allem entsagt hat, was er besitzt, so kann er Mein Jünger nicht sein. Du also, wünschest du Mein Jünger zu sein, dann opfere dich Mir mit allen deinen Neigungen.

Das neunte Kapitel

Daß wir uns und all das Unsere Gott opfern und für
alle beten sollen

Stimme des Jüngers

Herr! Alles ist Dein, was im Himmel ist und auf
Erden. Ich trage Verlangen, mich selbst Dir zu einem
freiwilligen Opfer zu opfern und immerdar Dein zu
verbleiben. Herr, in der Einfalt meines Herzens opfere ich mich selbst Dir heute zum immerwährenden
Dienste, zum Gehorsam und zum Opfer beständigen
Lobes; nimm mich an mit diesem heiligen Opfer Deines kostbaren Leibes, welches ich Dir heute in Gegenwart der Engel, die unsichtbar zugegen sind, darbringe, daß es mir und allem Volke zum Heile sei.

Herr! Ich opfere Dir alle meine Sünden und meine
Vergehen, welche ich begangen habe vor Dir und Deinen heiligen Engeln, von dem Tage an, da ich zuerst
sündigen konnte, bis zum heutigen Tage, auf Deinem
Sühnenaltare, damit Du sie allzumal anzündest und
verbrennst mit dem Feuer Deiner Liebe, und alle
Makel meiner Sünden austilgst, und mein Gewissen
von jedem Vergehen reinigst, und mir Deine Gnade
wieder gibst, die ich durch Sündigen verloren, alles
mir vollkommen erläßt und mich zu dem Kusse Deines Friedens barmherzig aufnimmst.

Was kann ich tun für meine Sünden, als sie demütig

beichten und beklagen, und Deine Tröstung unablässig anflehen? Ich flehe Dich an, erhöre mich gnädig, so wie ich vor Dir stehe, mein Gott! Alle meine Sünden mißfallen mir gar sehr, ich will sie nimmermehr begehen, sie tun mir leid und werden mir leid tun, so lange ich lebe, und ich bin bereit, dafür zu büßen und nach meinem Vermögen genug zu tun. Erlasse mir, o Gott, erlasse mir meine Sünden Deines heiligen Namens wegen; rette meine Seele, welche Du mit Deinem kostbaren Blute erkauft hast. Siehe, ich befehle mich Deiner Barmherzigkeit. Tue mit mir nach Deiner Güte, nicht nach meiner Bosheit und Ungerechtigkeit.

Ich opfere Dir auch all mein Gutes, wie wenig und unvollkommen es immer sei, damit Du es reinigst und heiligst, auf daß es Dir wert sei und Du es Dir angenehm machest und immer zum Besseren lenkest, und auch mich, einen trägen und nutzlosen armseligen Menschen, zu einem seligen und löblichen Ende geleitest.

Ich opfere Dir auch alle Verlangen der Frommen, die Anliegen meiner Eltern, Freunde, Brüder, Schwestern und aller meiner Teuren und derer, die mir und anderen um Deiner Liebe willen wohlgetan; die von mir Gebete und Verrichtung des Meßopfers für sich und alle die Ihrigen begehrt und verlangt haben, mögen sie nun noch im Leibe leben oder von dieser Welt abgeschieden sein, daß sie alle den Beistand Deiner Gnade, die Hilfe Deiner Tröstung, Schutz vor

Gefahren, Rettung von Leiden sich nahen fühlen, und von allem Übel erlöst, fröhlich Dir herrlichen Dank abstatten.

Ich opfere Dir auch Gebete und Opfer der Versöhnung für jene vorzüglich, die in irgend etwas mich verletzt, betrübt oder geschmäht haben oder irgend einen Schaden oder eine Beschwerde mir zugefügt, so wie auch für alle, die ich einmal betrübt, beschimpft, beschwert und geärgert habe, in Wort und Tat, wissentlich oder unwissentlich, daß Du uns allen gleichmäßig alle unsere Sünden, Unbilden und Kränkungen nachlassest.

Nimm hinweg, Herr, von unsern Herzen allen Argwohn, Unwillen, Zorn und Hader und was immer die Liebe verletzen und die brüderliche Eintracht mindern kann. Erbarme Dich, Herr, erbarme Dich jener, die Deiner Barmherzigkeit begehren, gib Gnade den Bedürftigen, mache uns zu solchen, die Deine Gnade zu genießen würdig sind, und die zum ewigen Leben pilgern.

Das zehnte Kapitel

Daß die heilige Kommunion nicht leicht zu unterlassen sei

Stimme des Geliebten

Oft mußt du zum Borne der Gnade und der göttlichen Barmherzigkeit, zum Borne der Güte und aller Reinheit deine Zuflucht nehmen, auf daß du von deinen Leidenschaften und Fehlern gesunden kannst und wider sämtliche Anfechtungen und Fallstricke Satans größere Stärke und Wachsamkeit erlangst. Da er wohl weiß, daß die größte Frucht und das größte Heilmittel in dieser heiligen Kommunion enthalten ist, so strebt der Feind auf jede Weise und bei jeder Gelegenheit die Gläubigen und Andächtigen, so viel er vermag, von ihr abzuziehen und daran zu hindern. Denn einige erleiden gerade dann, wenn sie sich zur Vorbereitung auf die heilige Kommunion eifriger anschicken, desto schlimmere Eingebungen des Satans. Es kommt der böse Geist selbst, wie bei Hiob geschrieben steht, unter die Kinder Gottes, um sie mit seiner gewöhnlichen Bosheit zu stören oder sie allzu verzagt und ratlos zu machen, auf daß er ihre Sehnsucht mindere oder durch Anfechtung ihres Glaubens dieselbe ihnen nehme, ob sie so vielleicht besser die Kommunion ganz unterließen oder lau hinzuträten. Man darf sich aber um seine Ränke und Einbildungen, wie schmählich und scheußlich sie auch seien, nicht kümmern, sondern all seine Trugbilder soll man auf sein Haupt zurückwerfen. Zu verachten ist der Elende und zu belachen; um der Anfälle und Aufregungen wegen, die er bereitet, ist die heilige Kommunion nicht zu unterlassen.

Oft hindert auch eine übergroße Besorgnis hinsichtlich der erforderlichen Andacht, und eine gewisse Ängstlichkeit über die abzulegende Beichte. Handle nach dem Rate der Weisen und lege Ängstlichkeit und Skrupel ab, weil sie die Gnade Gottes hindern und die Andacht des Gemütes vernichten. Wegen einer kleinen Sache, die dich drückt oder beschwert, unterlasse die heilige Kommunion nicht, sondern gehe um so eiliger beichten und vergib den anderen gern alle Kränkungen. Hast du aber jemanden gekränkt, so bitte du demütig um Vergebung, und Gott wird dir gern vergeben.

Was frommt es, lange mit der Beichte zu säumen oder die heilige Kommunion hinauszuschieben? Reinige dich auf's baldigste, speie das Gift schnell aus, beeile dich die Arznei zu empfangen, und du wirst dich besser fühlen, als wenn du es lange hinausgeschoben hättest. Hast du sie heute wegen dem einen aufgeschoben, so wird vielleicht morgen etwas Größeres geschehen, und so könntest du lange von der Kommunion abgehalten und immer unfähiger werden. So schnell du kannst, schüttele die gegenwärtige Erlahmung und Trägheit von dir ab, weil es nicht frommt lange sich zu ängstigen, lange mit bedrängtem Herzen herumzugehen und der täglichen Hindernisse wegen sich von göttlichen Dingen auszuschließen. Vielmehr schadet es auf's höchste, die Kommunion lange hinauszuschieben; denn große Erschlaffung pflegt die Folge zu sein. Ach leider, ist einigen lauen und an sich erschlafften Menschen jede Verzögerung der Beichte willkommen, und sie suchen die heilige Kommunion deswegen hinauszuschieben, damit sie nicht zu größerer Wachsamkeit über sich selbst gehalten seien.

Ach wie eine geringe Liebe und schwache Andacht haben die, welche die heilige Kommunion so leicht hintansetzen! Wie glücklich und Gott wohlgefällig ist jener, der so lebt und sein Gewissen in solcher Lauterkeit behütet, daß er jeden Tag zum Empfange der Kommunion bereit wäre, und wenn er die rechte Begierde danach hätte, würde es ihm gestattet sein, und er könnte es ohne Ärgernis tun. Wenn einer zuweilen aus Demut sich enthält oder weil ihn eine rechtmäßige Ursache verhindert, so ist er der Ehrfurcht wegen zu loben. Wenn aber Erschlaffung sich einschleicht, soll er sich selbst aufmuntern und tun, was an ihm ist; und Gott wird seinem Verlangen und dem guten Willen, auf den er besonders sieht, beistehen.

Ist er aber rechtmäßig verhindert, so soll er stets den guten Willen und die Absicht haben zu kommunizieren; ihm wird die Frucht des Sakramentes nicht fehlen. Denn es kann ein jeder Andächtige jeden Tag und zu jeder Stunde heilsam und ohne Hindernis zu Christi geistlicher Kommunion hingehen. Und doch soll er an bestimmten Tagen, zur festgesetzten Zeit den Leib seines Erlösers mit inniger Ehrerbietung sakramental empfangen, und den Preis und die Ehre Gottes mehr im Auge haben, als seine eigene Tröstung suchen. Denn so oft kommuniziert er in mystischer Weise und wird unsichtbar erquickt, wie er das Mysterium der Menschwerdung Christi und Sein Leiden bedenkt und zu Seiner Liebe entfacht wird.

Wer sich aber nicht anders darauf bereitet, als zu einem nahen Fest oder nur aus Gewohnheit, der wird oft unvorbereitet sein. Selig, wer sich dem Herrn zum Brandopfer darbringt, so oft er die Messe feiert oder kommuniziert. Sei bei der Verrichtung des Meßopfers weder zu langsam noch zu eilig, sondern bewahre die gute Weise derer, mit denen du lebst. Du sollst den anderen keine Beschwerden oder Verdruß erzeugen, sondern auf dem Wege bleiben, den die Vorfahren bestimmten, und diene mehr dem Nutzen anderer als der eigenen Andacht und Neigung.

Das elfte Kapitel

Daß der Leib Christi und die heilige Schrift der
gläubigen Seele sehr notwendig sind

Stimme des Jüngers

O süßester Herr Jesus, wie groß ist die Süßigkeit für
eine andächtige Seele, die an Deinem Gastmahle mit
Dir speist, wo ihr zum Genusse keine andere Speise
vorgesetzt wird als Du, ihr einziger Geliebter, Du
über alles Sehnen des Herzens Ersehnter. Mir wäre es
süß, in Deiner Gegenwart Tränen der innigsten Sehnsucht zu vergießen und mit Tränen, gleich der frommen Magdalena, Deine Füße zu netzen. Aber wo ist
diese Andacht, wo die große Flut heiliger Tränen?
Wahrlich, vor Deinem und Deiner Engel Angesicht
sollte mein Herz erglühen und vor Freude weinen.
Denn ich besitze Dich im Sakrament wahrhaft gegenwärtig, obgleich unter fremder Gestalt verborgen.

Denn in der eigenen und göttlichen Klarheit Dich
anzuschauen, das können meine Augen nicht ertragen; aber auch die ganze Welt könnte nicht vor dem
Glanze der Glorie Deiner Majestät bestehen. Hierin
also hältst Du meine Schwäche zu gute, daß Du Dich
in dem Sakramente verbirgst. Ich besitze Den wahrhaft und bete Ihn an, den die Engel im Himmel anbe-
ten, ich aber einstweilen noch im Glauben, jene dagegen im Schauen und ohne Hülle. Ich muß mich mit

dem Lichte des wahren Glaubens begnügen und darinnen wandeln, bis herannaht der Tag ewiger Klarheit und der Schatten der Bilder sich neigt. Wenn aber eingetreten, was da vollkommen ist, dann wird der Gebrauch der Sakramente aufhören, weil die Seligen in der himmlischen Glorie sakramentaler Arznei nicht bedürfen. Denn sie erfreuen sich ohne Ende der Gegenwart Gottes, Ihn schauend in Seiner Glorie von Angesicht zu Angesicht, in der umgewandelten Klarheit der unergründlichen Gottheit, genießen sie das Fleisch gewordene Wort Gottes, wie es war von Anbeginn und bleibt in Ewigkeit.

Eingedenk dieser Wunder wird mir selbst jegliche geistliche Tröstung hier zum Überdruß; denn so lange ich meinen Herrn in seiner Glorie nicht schaue, halte ich alles, was ich in der Welt erblicke und höre, für nichts. Du bist Zeuge, mein Gott, daß nichts mich trösten, keine Kreatur mich beruhigen kann, außer Du, mein Gott, den ich einzig anzuschauen verlange. Dies aber ist nicht möglich, so lange ich in dieser Sterblichkeit bleibe, und darum tut mir not, auf große Geduld mich zu verlegen, und mich in jedem Verlangen Dir zu unterwerfen. Denn auch Deine Heiligen, Herr, die jetzt mit Dir im Reiche der Himmel frohlocken, harrten im Glauben und in großer Geduld der Ankunft Deiner Glorie, als sie lebten. Was sie geglaubt haben, glaube ich; was sie gehofft haben, hoffe ich; wo sie hingelangt sind, vertraue ich durch Deine Gnade hinzugelangen. Ich werde unterdessen durch die Vorbilder der Heiligen gestärkt im Glauben wandeln. Ich habe auch die heiligen Bücher zum Troste und zum Lebensspiegel, und über dies alles Deinen heiligsten Leib zur besonderen Arznei und Erfrischung.

Denn zwei Dinge fühle ich, sind mir zumeist notwendig in diesem Leben, ohne welche mir dieses Leben unleidlich wäre. Zurückgehalten im Kerker dieses Leibes, bekenne ich, zweierlei zu bedürfen: das ist Speise und Licht. Du hast daher mir, dem Kranken, Deinen heiligen Leib zur Erquickung des Geistes und des Leibes gegeben und vor meine Füße zur Leuchte Dein Wort gesetzt. Ohne diese beiden könnte ich nicht leben: denn das Wort Gottes ist das Licht meiner Seele und Dein Sakrament das Brot des Lebens. Sie mögen auch wie zwei Tische heißen, da wie dort in der Schatzkammer der heiligen Kirche aufgestellt. Der eine ist der Tisch des heiligen Altars mit dem heiligen Brote, das ist dem kostbaren Leibe Christi; der andere ist der des göttlichen Gesetzes, mit der heiligen Lehre, zum Unterricht im rechten Glauben, die sicher geleitet zum Inneren hinter den Vorhang, darin das Allerheiligste enthalten ist.

Dank Dir, gütiger Jesus, Licht des ewigen Lichtes, für den Tisch der heiligen Lehre, den Du uns durch Deine Diener, die Propheten und Apostel und andere Lehrer, aufgerichtet hast! Dank Dir, Erlöser und Schöpfer der Menschen, der Du, um Deine Liebe der ganzen Welt zu offenbaren, ein großes Mahl bereitet hast, indem Du nicht das vorbildliche Lamm, sondern Deinen heiligsten Leib und Dein Blut zum Genuß vorgesetzt hast, damit alle Gläubigen mit dem heiligen Gastgelage erfreuend und sie berauschend mit dem Becher des Heiles in dem alle Lust des Paradieses begriffen ist; und die heiligen Engel halten hier das Mahl mit uns, aber in seligerer Süßigkeit.

O wie groß und ehrwürdig ist das Amt der Priester, denen es gegeben ist, den Herrn der Majestät durch die heiligen Worte zu konsekrieren, mit den Lippen zu benedeien, in den Händen zu halten, mit eigenem Munde zu nehmen und den Übrigen darzureichen! O wie rein müssen jene Hände sein, wie lauter der Mund, wie heilig der Leib, wie makellos das Herz des Priesters, zu dem so oft der Schöpfer der Lauterkeit eingehen soll! Aus dem Munde des Priesters, der so oft Christi Sakrament empfängt, soll nur ein heiliges, nur ein ehrbares und ein heilsames Wort ausgehen. Einfältig und schamhaft seien seine Augen, die Christi Leib anzublicken pflegen, rein und zum Himmel erhoben die Hände, die den Schöpfer des Himmels und der Erde zu berühren pflegen.

Es stehe uns Deine Gnade bei, allmächtiger Gott, daß wir, die wir das priesterliche Amt übernommen haben, Dir würdig und andächtig mit aller Lauterkeit und gutem Gewissen zu dienen vermögen! Und können wir nicht in solcher Unschuld des Lebens wandeln, wie wir sollten: so gewähre uns doch, würdig das Böse zu beweinen, was wir verübt haben, auf daß wir im Geiste der Demut und mit dem Vorsatze eines guten Willens Dir dann um so inbrünstiger zu dienen vermögen.

Das zwölfte Kapitel

Daß wer mit Christus sich vereinigen will,
sich mit großem Fleiße vorbereiten soll

Stimme des Geliebten

Ich bin ein Liebhaber der Reinheit und der Verleiher aller Heiligkeit. Ich suche ein reines Herz; da ist die Stätte Meiner Ruhe. Bereite Mir einen großen und wohlgerüsteten Saal zum Mahle, und Ich werde Pascha bei dir halten mit Meinen Jüngern. Willst du, daß Ich zu dir komme und bei dir bleibe, so säubere den alten Sauerteig und reinige die Wohnung deines Herzens. Schließe aus die ganze Welt und allen Ungestüm der Laster; sitze wie ein einsamer Sperling auf dem Dache und bedenke deine Vergehen in der Bitterkeit deines Herzens. Denn jeder Liebende bereitet seinem teuren Liebhaber die beste und schönste Stätte, weil so die Zuneigung dessen erkannt wird, der den Geliebten aufnimmt.

Doch sollst du wissen, daß du dieser Zubereitung nicht Genüge tun kannst durch Verdienst deines Wirkens, wenn du dich auch ein ganzes Jahr darauf vorbereitest, und dir nichts anderes im Sinne läge. Denn bloß durch Meine Milde und Gnade wird dir gestattet, so zum Tische hin zu treten, gleich wie zum Mahle eines Reichen ein Bettler gerufen wird, und dieser nichts anderes zur Vergeltung seiner Wohltaten hat, als daß er sich demütigt und dankt. Tue also was an dir ist, und tue es achtsam, nicht aus Gewohnheit, sondern mit Furcht und Ehrerbietung und Begierde empfange den Leib des geliebten Herrn, deines Gottes, der geruht, zu dir zu kommen. Ich bin's, der gerufen; Ich habe geboten, daß es geschehen soll. Ich werde ergänzen, was dir mangelt. Komm und empfange Mich!

Wenn Ich die Gnade der Andacht erteile, danke deinem Gotte, nicht weil du dessen würdig bist, sondern weil Ich Mich deiner erbarmt habe. Wenn du keine Andacht empfindest, sondern dich eher trocken fühlst, dann bete um so inständiger, seufze, klopfe an und laß nicht ab, bis du es dir verdient hast, einen Brosamen oder einen Tropfen Meiner heilsamen Gnade zu empfangen. Du bedarfst Meiner, nicht Ich bedarf deiner; und nicht du kommst Mich zu heiligen, sondern Ich komme, dich zu heiligen und zu bessern. Du kommst, um von Mir geheiligt und mit Mir geeint zu werden, um neue Gnade von Gott zu empfangen und von neuem zur Besserung entzündet zu werden. Versäume diese Gnade nicht, bereite dein Herz mit allem Fleiße, und führe deinen Geliebten zu dir ein.

Es ist aber notwendig, daß du dich nicht allein in Andacht vor der Kommunion vorbereitest, sondern dich auch sorgfältig darin bewahrst nach des Sakramentes Empfang. Es wird keine geringere Sorgfalt nachher erfordert, als eine andächtige Vorbereitung vorher. Denn eine gute Sorgfalt nachher ist hinwiederum die beste Vorbereitung, um größere Gnade zu erlangen. Wenn sich nämlich einer sofort dem äußeren Troste zu sehr hingibt, wird er dadurch sehr unfähig für größere Gnaden. Hüte dich vor eitlem Schwatzen; bleibe still, und genieße Deines Gottes. Denn du hast Ihn, den die ganze Welt dir nicht nehmen kann. Ich bin's, dem du dich ganz geben sollst, so daß du fortan nicht in dir, sondern in Mir ohne alle Sorge lebst.

Das dreizehnte Kapitel

Daß eine fromme Seele von ganzem Herzen
nach der Vereinigung mit Christus im Sakramente
verlangen soll

Stimme des Jüngers

Wer verleiht mir, o Herr, Dich allein zu finden, um Dir mein ganzes Herz zu öffnen und mich Deiner nach dem Verlangen meiner Seele zu erfreuen? Wer verleiht, daß hinfort keiner auf mich sehe, keine Kreatur mich errege und störe, sondern daß Du allein zu mir redest und ich zu Dir, wie ein Geliebter pflegt zu dem Geliebten zu reden und ein Freund mit dem Freunde zu verkehren? Das bitte ich, das begehre ich, daß ich mit Dir ganz geeint werde, und mein Herz sich von allen erschaffenen Wesen löse, und mehr und mehr durch die heilige Kommunion und häufige Feier des Meßopfers das Himmlische und Ewige verstehen lerne. Ach, Herr Gott, wann werde ich ganz mit Dir geeint und von Dir aufgenommen und mich ganz vergessen? Verleihe, daß Du in mir und ich in Dir und wir also Eins bleiben!

Wahrlich, Du bist mein Geliebter, der Erwählte von Tausenden, in dem es meiner Seele wohlgefällt, zu wohnen alle die Tage ihres Lebens. Fürwahr, Du bist mein Friedensbringer, in dem der höchste Friede und die wahre Ruhe wohnt, außerhalb dessen Mühe ist und Schmerz und endloses Elend. Fürwahr, Du bist der verborgene Gott, und Dein Rat ist nicht mit den Sündern; sondern mit den Demütigen und Einfältigen ist Deine Rede. O wie lieblich ist, Herr, Dein Geist, der Du Deine Kinder, um ihnen Deine Süßigkeit zu zeigen, mit dem süßesten Brot, das vom Himmel niedersteigt, zu erquicken Dich gewürdigt hast. Wahrlich, kein anderes Volk ist so erhaben, daß es Götter hätte, die sich ihm nahten, wie Du, unser Gott, bei allen Gläubigen wohnst, denen Du zum täglichen Troste und um ihr Herz zum Himmel aufzurichten, Dich zu essen und zu genießen gibst.

Welch ander Volk ist so herrlich, wie das christliche? oder welch Geschöpf unter dem Himmel so geliebt, wie eine andächtige Seele, zu der der Herr eingeht, um sie mit Seinem glorreichen Fleische zu weiden? O unaussprechliche Gnade! o wunderbare Huld! o unermeßliche Liebe, dem Menschen allein verliehen! Aber wie soll ich dem Herrn für diese Gnade vergelten? für diese ausnehmende Liebe? Es gibt nichts anderes, was ich Ihm Angenehmeres geben könnte, als daß ich mein Herz gänzlich Gott hingebe und Ihm innerlichst verbinde. Dann wird all mein Inneres frohlocken, wenn meine Seele vollkommen mit Gott geeint ist. Dann wird Er zu mir sprechen: Willst du bei Mir sein, so will Ich bei dir sein. Und ich werde Ihm erwidern: Würdige mich, Herr, bei mir zu bleiben, ich will gern bei Dir sein! Das ist all mein Verlangen, daß mein Herz mit Dir geeint sei.

Das vierzehnte Kapitel

Vom glühenden Verlangen einiger Frommen nach dem Leibe Christi

Stimme des Jüngers

O wie groß ist die Fülle Deiner Süßigkeit, Herr, welche Du für die verborgen hast, die Dich fürchten! Wenn ich an einige Heilige denke, die zu Deinem Sakramente, Herr, mit großer Andacht und Begier hinzutreten, dann werde ich zum öfteren in mir selbst beschämt und ich erröte, daß ich zu Deinem Altare und dem Tische der heiligen Kommunion so träg und kalt hinzutrete; daß ich so dürr, ohne Andacht und Begierde des Herzens bleibe, und daß ich nicht ganz erglüht bin vor Dir, meinem Gotte, noch so heftig hingezogen und davon ergriffen, wie viele Andächtige es waren, die vor übergroßer Sehnsucht nach der Kommunion und vor sichtbarer Herzensliebe sich des Weinens nicht enthalten konnten, sondern mit dem Munde des Herzens und des Leibes zugleich aus innerstem Grunde nach Dir, dem lebendigen Borne lechzten, unvermögend, ihren Hunger anders zu mäßigen und zu stillen, als wenn sie Deinen heiligen Leib mit aller Fröhlichkeit und geistiger Begierde empfangen hätten.

Ihr wahrhaft glühender Glaube ist ein bewährtes Zeichen Deiner heiligen Gegenwart. Denn die erkennen ihren Gott wahrhaft bei der Brechung des Brotes, wenn ihr Herz in ihnen so mächtig von Jesu, dem mit ihnen Wandelnden, erglüht. Wie fern ist mir, leider, solcher Eifer und solche Andacht, so heftige Liebe und Glut. Sei mir gnädig, guter Jesus, und süß und gütig! Gewähre Deinem armen Bettler, daß er mindestens zuweilen ein wenig von der herzlichen Begierde Deiner Liebe in der heiligen Kommunion empfinde, damit mein Glaube mehr erstarke, meine Hoffnung in Deiner Güte wachse, und meine Liebe, einmal vollkommen entbrannt und des Geschmackes des himmlischen Mannas würdig, niemals abnehme!

Deine Barmherzigkeit vermag aber auch die ersehnte Gnade mir zu gewähren. Im Geiste der Inbrunst, wird der Tag Deines Wohlgefallens bald kommen, mich ganz in Stille aufzusuchen. Denn wenn ich auch nicht von einem so großen Verlangen wie jene glühe, die mit so besonderer Andacht Dir ergeben sind, so habe ich doch durch Deine Gnade den Wunsch nach jenem großen Verlangen. So bitte und verlange ich, ein Teilnehmer Deiner so inbrünstigen Liebhaber zu werden, und daß ich ihrer heiligen Gemeinschaft zugezählt werde.

Das fünfzehnte Kapitel

Daß die Gnade der Andacht durch Demut und Selbstverleugnung erlangt wird

Stimme des Geliebten

Du mußt die Gnade der Andacht anstrengend suchen, sehnsüchtig begehren, geduldig und getrost erwarten, dankbar annehmen, demütig bewahren, eifrig mit ihr wirken und Gott die Zeit und Art der himmlischen Heimsuchung, bis sie kommt, überlassen. Du sollst dich ganz und gar demütigen, wenn du geringe oder gar keine Andacht innerlich fühlst, aber nicht allzu niedergeschlagen noch sinnlos betrübt werden. Gott gibt oft in einem kurzen Augenblick, was Er lange Zeit versagt hat. Er gibt manchmal am Ende, was Er am Anfange des Gebetes zu geben hinauszögerte.

Würde die Gnade immer alsbald gegeben und wäre sie nach Wunsch da, so könnte es der schwache Mensch wohl nicht ertragen. Deswegen soll man voll guter Hoffnung und demütiger Geduld die Gnade der Andacht erwarten. Dir aber und deinen Sünden rechne es zu, wenn sie dir nicht verliehen oder auch still entzogen wird. Ein Weniges ist's oft, was die Gnade hindert oder verbirgt, wenn anders das ein Geringes, und nicht vielmehr etwas Großes zu nennen ist, was ein so hohes Gut abhält. Hast du aber dies Geringe oder Große hinweggeschafft und vollkommen überwunden, so wird dir werden, was du begehrst.

Denn sobald du dich Gott aus ganzem Herzen hingegeben, und weder dies noch jenes nach deinem Gelüsten oder Gefallen gesucht, sondern dich ungeteilt zu Ihm gekehrt hast: so wirst du dich mit Gott vereint und in Frieden finden. Denn nichts kann solchen Wohlgeschmack für dich haben und dir so gefallen, als das Wohlgefallen des göttlichen Willens. Wer also sein Bestreben mit einfältigem Herzen hinan zu Gott erhoben und sich von aller ungeordneten Liebe oder Abneigung gegen irgend ein erschaffnes Wesen frei gemacht hat, wird als der Tauglichste die Gnade empfangen und der Gabe der Andacht würdig sein. Denn der Herr gibt dort Seinen Segen, wo Er die Gefäße leer findet; und je vollkommener einer dem Niederen entsagt und in Mißachtung seiner selbst sich abstirbt, um so schneller kommt die Gnade, um so reichlicher kehrt sie ein, um so höher erhebt sie das freie Herz.

Sehen wird er dann, wie sein Herz überfließen und staunen und sich erweitern wird, weil die Hand des Herrn mit ihm ist und er sich selbst gänzlich in Seine Hand gegeben hat bis in Ewigkeit. Siehe, so wird der Mensch benedeit werden, der Gott aus seinem ganzen Herzen sucht und „seine Seele nicht vergeblich empfangen hat". Ein solches erlangt im Empfang der heiligen Eucharistie die große Gnade der göttlichen Einigung, weil seine Absicht nicht auf die eigene Andacht und Tröstung, sondern auf Gottes Ehre und Glorie ausgeht.

Das sechzehnte Kapitel

Daß wir unsere Anliegen Christo offenbaren und um Seine Gnade verlangen sollen

Stimme des Jüngers

O süßester und liebreichster Herr, den ich jetzt andächtig zu empfangen begehre! Du kennst meine Schwachheit und Not, die ich leide, in wie großen

Nöten ich jetzt liege, wie oft ich beschwert, angefochten, verwirrt und befleckt werde. Um Arznei komme ich zu Dir; um Trost und Erleichterung bitte ich Dich; zu Dir, dem Allwissenden, rede ich, dem mein ganzes Innere offenbar ist, und der Du allein mich vollkommen trösten und mir helfen kannst. Du weißt, was ich Gutes vor allem bedarf und wie arm ich an Tugenden bin.

Siehe, ich stehe vor Dir, arm und nackt, Gnade fordernd und um Barmherzigkeit flehend. Erquicke den hungrigen Bettler, erwärme meine Kälte mit dem Feuer Deiner Liebe, erleuchte meine Blindheit mit der Klarheit Deiner Gegenwart. Kehre mir alles Irdische in Bitterkeit, alles Drückende und Widrige in Geduld, alles Niedere und Erschaffene in Geringschätzung und Vergessenheit. Richte auch mein Herz zu Dir gen Himmel und lasse mich nicht über die Erde hin schweifen. Du allein seiest mir von nun an bis in Ewigkeit süß, weil Du allein meine Speise und mein Trank, meine Liebe und meine Lust, meine Süßigkeit und all mein Gut bist.

Ach, entzünde mich gänzlich durch Deine Gegenwart, verbrenne und wandle mich in Dich um, daß ich mit Dir ein Geist würde durch die Gnade der inneren Einigung und durch das Verschmelzen in glühender Liebe. Lasse mich nicht nüchtern und trocken von Dir hinweggehen, sondern handle mit mir barmherzig, wie Du es öfters an Deinen Heiligen so wunderbar getan hast. Was Wunder, wenn ich ganz zu Dir entbrennte und in mir selbst erlöschte, da Du das Feuer bist, das allweg brennende und nimmer verlöschende, die alle Herzen reinigende und den Verstand erleuchtende Liebe.

Das siebzehnte Kapitel

Von der brennenden Liebe und dem heftigen Verlangen, Christum zu empfangen

Stimme des Jüngers

Mit der höchsten Andacht und Liebe, mit des Herzens ganzer Begierde und Inbrunst sehne ich mich, Dich zu empfangen, o Herr, so viele heilige und andächtige Menschen bei der Kommunion nach Dir verlangten, und Dir durch die Heiligkeit des Lebens zumeist gefielen, und die auch in der glühendsten Andacht waren. O mein Gott, ewige Liebe, all mein Gut, unbegrenzte Seligkeit, empfangen möchte ich Dich mit der heißesten Sehnsucht und der würdigsten Ehrfurcht, welche je einer der Heiligen hatte und fühlen konnte. Wenn ich aber unwürdig bin, alle jene Empfinden der Andacht zu haben, so opfere ich Dir doch jede Neigung des Herzens, als ob ich alle jene Dir zum höchsten Wohlgefallen entflammten Begierden allein hätte. Was auch nur immer ein frommer Geist fassen und wünschen kann, das alles reiche ich

Dir dar und opfere es mit der tiefsten Ehrfurcht und der innigsten Inbrunst. Nichts wünsche ich mir vorzubehalten, sondern mich und all das Meine Dir freiwillig und freudigst hinzuopfern. Herr mein Gott, mein Schöpfer und mein Erlöser, mit solcher Begierde und Ehrfrucht, Lobpreisung und Ehrerweisung, mit solcher Dankbarkeit, Würdigkeit und Liebe, mit der Hoffnung, dem Glauben und der Lauterkeit begehre ich Dich heute zu empfangen, wie Deine heiligste Mutter, die glorreiche Jungfrau Maria Dich empfing und nach Dir sich sehnte, als sie dem Engel, der ihr die frohe Botschaft von dem Geheimnis Deiner Menschwerdung verkündete, demütig und andächtig antwortete: „Siehe, ich bin die Magd des Herrn, mir geschehe nach Deinem Worte."

Und wie Dein seliger Vorläufer, der Herrlichste der Heiligen, Johannes der Täufer, in Deiner Gegenwart frohlockend in der Freude des heiligen Geistes aufjubelte, als er noch von dem mütterlichen Leibe umschlossen wurde, und wie er nachher, da er Jesus unter den Menschen wandeln sah, sehr demütig mit andächtiger Begierde sprach: „Der Freund des Bräutigams aber, der da steht und ihn hört, der ist froher Freude voll ob der Stimme des Bräutigams": so wünsche auch ich von großem und heiligem Verlangen entflammt zu werden und mich Dir von ganzem Herzen zu ergeben. Das Frohlocken aller andächtigen Herzen, ihre glühenden Begierden, geistigen Verzükkungen und übernatürlichen Erleuchtungen und himmlischen Visionen opfere ich Dir darum auf, und biete sie Dir dar mit allen Tugenden und allem Lobe, das Dir von jeglicher Kreatur im Himmel und auf Erden festlich geboten wurde oder je wird geboten werden, für mich und alle meinem Gebete Empfohlenen, auf daß Du von allen würdig mögest gepriesen und immerdar verherrlicht werden.

Empfange meine Gelübde, Herr, mein Gott, und die Begierde, dich unendlich zu preisen und unermeßlich zu benedeien, wie wir es Dir nach der Fülle Deiner unaussprechlichen Größe schuldig sind. Dies entbiete ich Dir und begehre es zu entbieten jeden Tag und Augenblick. Und alle himmlischen Geister und Deine sämtlichen Gläubigen lade ich ein und flehe sie mit Bitten und Wünschen an, daß sie mit mir Lob und Dank Dir sagen.

Preisen sollen Dich alle Völker, Stämme und Zungen, und Deinen heiligen honigfließenden Namen mit glühender Andacht und höchstem Frohlocken verherrlichen. Und alle, die da ehrerbietig und andächtig die Feier Deines hochheiligsten Sakramentes begehen und mit vollem Glauben es empfangen, mögen Gnade und Barmherzigkeit bei Dir zu finden verdienen, und für mich Sünder flehentlich beten. Und sind sie der gewünschten Andacht und der genußreichen Einigung teilhaft geworden, und kehren sie wohl getröstet und wunderbar erquickt von dem heiligen, himmlischen Tische zurück, dann mögen sie mich Armen würdigen, meiner zu gedenken.

Das achtzehnte Kapitel

Daß der Mensch kein fürwitziger Grübler des
Sakramentes, sondern ein demütiger Nachfolger
Christi sein soll, der seinen Verstand
dem heiligen Glauben unterwirft

Stimme des Geliebten

Du mußt dich hüten vor fürwitziger und nutzloser
Durchgründung dieses tiefsten Sakramentes, willst
du nicht in des Zweifels Tiefe hinabgestoßen werden.
Wer ein Betrachter der Majestät Gottes ist, wird von
ihrer Glorie überwältigt werden. Mehr vermag Gott
zu wirken, als der Mensch je begreifen kann. Ver-
ständlich ist ein frommes und demütiges Forschen
nach der Wahrheit, das stets bereit ist, sich belehren
zu lassen, und sich befleißigt, nach den gesunden Be-
schlüssen der Väter zu wandeln.

Selig die Einfalt, die da meidet die Wege der schwierigen Fragen, und die auf dem gebahnten und festen
Pfade der Gebote Gottes dahinwandelt. Viele haben
die rechte Andacht verloren, da sie Höheres erspähen
wollen. Glaube wird von dir gefordert und ein unbe-
scholten Leben, nicht hoher Verstand in die Tiefe der
Mysterien Gottes. Wenn du das nicht verstehst noch
begreifst, was unter dir ist, wie wirst du das fassen,
was über dir ist? Unterwirf dich Gott und demütige
deinen Verstand vor dem Glauben, und dir wird jenes

Licht der Wissenschaft gegeben werden, wie es dir nütz und not ist.

Einige werden schwer angefochten über den Glauben und das Sakrament; dies ist aber nicht ihnen zuzurechnen, sondern vielmehr dem Feinde. Mache dir keine Sorge und disputiere nicht mit deinen eigenen Gedanken, noch antworte auf die vom Teufel eingegebenen Zweifel, sondern glaube den Worten Gottes, glaube Seinen Heiligen und Propheten, und fliehen wird von dir der böse Feind. Oft frommt es sehr, daß ein Diener Gottes dergleichen erleidet; denn die Ungläubigen und Sünder, die er schon sicher besitzt, versucht er nicht; die gläubigen Frommen aber versucht und plagt er auf mancherlei Art.

Gehe darum mit einfältigem, zweifellosem Glauben, und mit einfältiger Ehrfurcht tritt hin zum Sakramente. Was du nicht zu verstehen vermagst, überlasse getrost Gott dem Allmächtigen. Gott betrügt dich nicht; nur wer allzusehr sich glaubt, wird betrogen.

Gott wandelt mit den Einfältigen, offenbart sich den Demütigen, gibt den Kleinen Verständnis, öffnet reinen Gemütern den Sinn, verbirgt aber Seine Gnade den Fürwitzigen und Hoffärtigen. Menschliche Vernunft ist schwach und kann betrogen werden; wahrer Glaube aber kann nicht betrogen werden.

Alle Vernunft und natürliche Erforschung soll dem Glauben folgen, nicht ihm vorangehen, noch ihn verletzen. Denn hier leuchten Glaube und Liebe zumeist hervor, und wirken auf verborgene Weise in diesem heiligsten und erhabensten Sakrament.

Gott der Ewige, Unermeßliche, dessen Macht unbegrenzt ist, wirkt Großes und Unerforschbares im Himmel und auf Erden, und es gibt kein volles Ausforschen Seiner Wunderwerke. Wären die Worte Gottes so, daß sie leicht von menschlicher Vernunft begriffen werden könnten, so wären sie nicht wunderbar noch unerforschbar zu nennen.